Schwarzes Gold

Claus deWes

Haifischzähne

und andere

FOSSILIEN am Strand . . .

... von Knokke bis Cadzand und Nieuwvliet bis Breskens

Herausgegeben im April 2000

Haifischzahn Verlag Cadzand Haaitand Uitgeverij

Namen, der auf dem Umschlag und der rechten Seite abgebildeten Fossilien

1. Glycymeris
2. Megacardita planicosta
3. Phosphorit*-Abdruck einer kompletten Muschel
4. Wulk
5. Isurus hastalis - Makohai
6. Phosphorit-Abdruck eines Wirbels
7. Carcharocles megalodon - Riesenhai
8. Epitonium clathrus - Wendeltreppe
9. Carcharias cuspidata - Sandtigerhai
10. Zahnplatten-Stücke von Rochen/Rochenzähne
11. Cevatostoma erinaceum
12. Isurus retroflexus - Makohai
13. Angulus tenuis
14. Phosphorit-Abdruck einer Muscheloberseite
15. Isurus hastalis - Makohai
16. Isurus hastalis - Makohai
17. Phosphorit-Abdruck einer Muschel
18. Gehörknochen eines Delphins
19. Wirbel eines Fisches
20. Zahn einer Meerbrasse
21. Wirbel eines Fisches
22. Zahn eines Pottwals

1
2
3
4
5
6
7
8
9
10
11
12
13
14
15
16
17
18
19
20
21
22

DANK

Corné Riemslag – für wissenschaftliche Mitarbeit, Anregungen, Leihgaben und Geduld
Gemeente Sluis-Aardenburg, Arco Willebroodse
Boek- en Kantoorhandel Basting, - für redaktionelle Tipps
Nico Peterse, Oostburg - Lektorat
Drogisterij Verstraten, Cadzand – für Rat und Tat
Rinie Smit, Cadzand-Dorp – für Hilfen zum besseren Verständnis von Land und Leuten

Nachfolgend aufgeführte Unternehmen und Institutionen, haben dieses Buch hilfreich unterstützt:

Basting, Boek- en Kantoorhandel, Oostburg
Badhotel de Wielingen, Cadzand-Bad
Bezoekerscentrum ´t Zwin, Retranchement
Cadzandria, Tearoom en Restaurant, Cadzand-Bad
Camping Pannenschuur, Nieuwvliet
Drogisterij Verstraten, Cadzand-Bad
Edah & bruna, Breskens
Kosten B.V., Sportkleidung, Meeressport, Breskens
Montezza, Vliegers, Strandartikelen, Cadzand-Bad
Muscheln & Korallen, Ladenstraße, Cadzand-Bad
Visserijmuseum, Breskens,
VVV

Originalausgabe, April 2000
1.Auflage – Deutsch und Niederländisch
Haifischzahn Verlag, Cadzand

Idee: Klaus von Wiese
Wissenschaftliche Mitarbeit: Corné Riemslag, Zuidzande
Übersetzung ins Niederländische: Annette Riemslag-Schulz
Gestaltung: BuchArt
Coverfoto: Jan van Baar/ Combi de Milliano, Oostburg
Zeichnungen: Ursula Dewes-Schmitz
Druckerei: Pieters Grafisch Bedrijf, Groede
Printed in the Netherlands
ISBN90 – 76469 – 04 - 0 NUGI 817

Inhaltsverzeichnis **Seite**

BLØF: Aan de kust
Refrain(übersetzt vom Autor):

Hier an der Küste, der seeländischen Küste
Wo der Sommer unbeschwert
In vollen Zügen genossen
Und jeder wild und unverdrossen
Das tun und lassen kann
Was ihn trunken macht vor Glück
Und tief zufrieden

CD: „Naakt onder de hemel“

Wahr oder nicht wahr?

Hier an der Küste gibt es Menschen, die behaupten steif und fest, in sonnenreichen Zeiten Urlauber am Strand von Knokke, Cadzand, Nieuwvliet oder Breskens gesehen zu haben, die auf dem Rücken und im Nacken braun gebrannt, aber im Gesicht schneeweiß gewesen seien.
Auf die Frage: „Wie ist das möglich?“, antworten sie in der Regel schelmisch: „Weil diese Urlauber Haifischzähne gesucht haben. Tagein, tagaus Haifischzähne und andere Fossilien*.“
Wahr oder nicht wahr?
Wer genauer hinsieht, wird feststellen, daß Erwachsene wie Kinder tatsächlich mit großer Ausdauer und wachem Interesse in leicht nach vorn gebeugter Haltung den Strand absuchen, als gelte es, einen verlorenen Schatz - oder Gold - zu finden: SCHWARZES GOLD!
Und stimmt das etwa nicht?
Versteinerte Haifisch- und Rochenzähne, Muscheln, Schneckenhäuser und Phosphoritknollen* in vielgestaltiger Form, sind sie nicht tatsächlich ein kleiner Schatz, wenn man sie selbst gefunden, vielleicht sogar ihre Herkunft und ihr Alter bestimmt und sich klar gemacht hat, daß jedes dieser begehrten Fundstücke 50tausend bis 100tausend mal älter ist als wir Menschen?

Typisches Strandbild irgendwo zwischen Knokke und Breskens

Wir halten mit jedem gefundenen Fossil also nicht nur einen kleinen Schatz in der Hand, sondern auch eines der Wunder der Natur, das eine lange Geschichte erlebt hat – und davon sogar erzählen kann!

Fossilien erzählen Geschichte

Fast alles, was die Menschen von der Entstehung und Entwicklung der Erde wissen, stammt aus Erkenntnissen, die uns Fossilienfunde vermittelt haben.
Denn Fossilien nennt man die steinernen Zeugen der Vergangenheit, die *echte*, in *Gestein* überlieferte Reste oder

Echt

In Gestein

Sichtbare Spur

sichtbare Spuren ehemaligen Lebens darstellen, wie es vor Tausenden oder Millionen von Jahren stattgefunden hat.
Weil nur wenige Fossilien die unvorstellbaren Temperaturen überstehen konnten, wie sie bei der Bildung von magmatischen* und metamorphen* Gesteinen z.B. durch Vulkanausbrüche vorkommen, findet man Fossilien fast ausschließlich in vor so großer Hitze schützenden Sedimentgesteinen*.
Solche Sedimente sind u.a. Kies, Sand, Ton und Schlick, wie sie natürlich am Meer in reichem Maße vorkommen. So auch in See-Flandern* – und darin verborgen oder darauf auffindbar die Haifischzähne und andere Fossilien in so riesengroßer Anzahl, daß niemand Sorge haben muß, im nächsten Urlaub keine mehr zu finden. Und auch nachfolgende Generationen werden garantiert noch Grund genug zum Staunen und zur Freude haben.

Rückblick in die Geschichte

In der Form und Ausgestaltung, wie wir die seeländische Küste heute erleben, hat es sie in früheren Zeiten nicht gegeben. Denn die Erde ist nicht so starr und festgefügt, wie es über die kurze Zeit eines Menschenlebens den Anschein hat. Könnten wir die Entstehung der Erde im Zeitraffer betrachten, würden wir sehen, wie sich Land abgesenkt und Gebirge aufgefaltet haben, wie Regen- und Schmelzwasser von eiszeitlichen Gletschern* riesige Becken zu Seen und Meeren angefüllt oder sich wieder zurückgezogen haben, wie Inseln

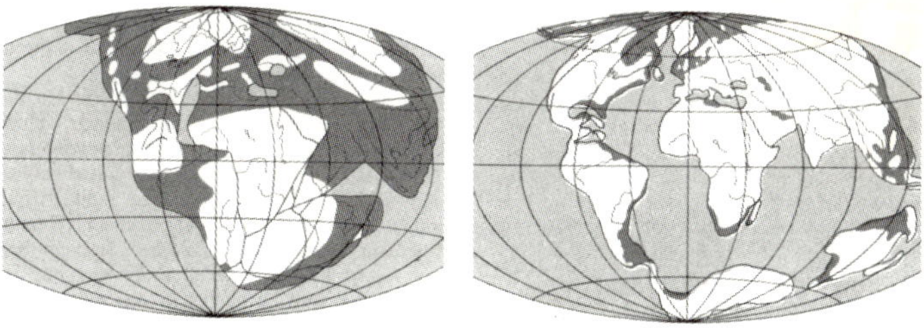

Afrika - vor 300 Millionen Jahren - vor 1,5 Millionen Jahren

aus dem Wasser aufstiegen oder wieder darin versanken, wie Flüsse sich zu Tälern in Gebirge einschnitten, Küstensäume sich verschoben oder ganze Kontinente auseinander drifteten.

Natürlich interessieren wir uns - als nur Kurzbesucher dieser Küste -, vor allem dafür, was sich bis in unser Jahrhundert und besonders bis heute verändert hat: durch Ebbe und Flut, Wind und Sturm, eine Spring- oder Hochflut oder Menschenhand.

An Küsten wie auch der seeländischen nagt das Meer im Lauf der Jahre stündlich, täglich. Und irgendwann stehen wir staunend da, wenn die vielen kleinen Veränderungen in der Gesamtheit sichtbar werden, oder die See wieder einmal mit ihrer Urgewalt große Flächen aus den eben noch mühsam aufgeschütteten Dünen* gerissen, der Sturm Unmengen Sand über die Dünen hinweg auf die Landseite geblasen und Wege und Grashänge meterdick zugedeckt hat.

Die Erde

Wenn wir uns vorstellen, die Weltkugel wäre ein Apfel, dann ist die harte, erstarrte Erdkruste, auf der wir leben, gerade mal so dick wie die Apfelschale: da, wo die Ozeane sind, nur etwa 100 km, im Bereich der Kontinente ca 200 km dick.

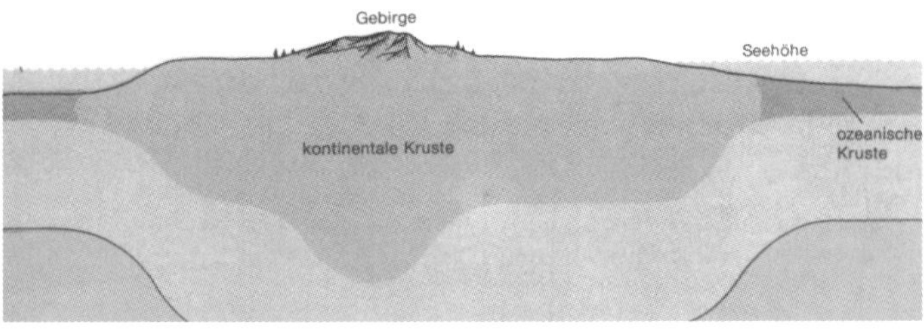

Diese Schale oder Erdrinde schwimmt sozusagen auf dem zum Erdmittelpunkt immer heißer werdenden glühenden und flüssigen Kern. Das aber nicht überall im selben

Rhythmus, so daß sich Teile der Erdrinde – die Kontinentalplatten* -, in den Milliarden Jahren der Erdentwicklung mal auseinander bewegten oder aufeinander schoben und so neue Kontinente, Meere oder Gebirge bildeten. Erst im Tertiär* formten sich die Kontinente und Gebirge annähernd zu der Gestalt, wie wir sie heute erleben.
Solche gewaltigen Veränderungen vollziehen sich in kaum vorstellbaren langen Zeiträumen, so daß wir nicht befürchten müssen, daß sich die Erde unter unseren Füßen plötzlich öffnet oder auffaltet, uns verschluckt oder mit einer Auffaltung auf einen hohen Berg befördert.
Trotzdem erleben wir immer wieder mit, wie sich diese Kontinentalplatten, also die Erdoberfläche unter unseren Füßen, aneinander reiben und die Erde beben lassen: Erdbeben, etwa wie das verheerende Beben im August 1999 in der Türkei.
Aber wann und wie entstand denn nun unsere Erde?
Die Wissenschaft geht davon aus, daß ein Urknall vor ziemlich genau 4 1/2 Milliarden Jahren die Erde als glühenden Feuerball ins Universum schleuderte. Dort begann die Außenhaut langsam abzukühlen, so daß sich erste Gesteine vor etwa 3 Milliarden Jahren bildeten.
Diese Abkühlung schritt weiter fort bis zu der bis heute erreichten Dicke der Erdkruste; vor allem aber im Wechsel von Eis- und Warmzeiten bis auf so niedrige Temperaturen an der Erdoberfläche, daß Leben sich überhaupt entwickeln und dann „überleben“ konnte.
Und die Zukunft der Erde?
Astrophysiker und Astronomen der Universität Iowa/USA legten Anfang 2000 eine neue Computerhochrechnung vor. Danach geht die Energie der Sonne zur Neige. Das bedeutet: in 1,5 Milliarden Jahren geht der Erde das atmosphärische Kohlendioxyd aus; alle Pflanzen sterben ab; nach weiteren 500 Millionen Jahren sind die Meere verdunstet, spätestens in 3 1/2 Milliarden Jahren ist alles Leben auf der Erde verloschen.

Der Mensch

Damit uns begreifbar wurde, wie dick die Erdkruste ist, auf der wir leben, haben wir den Erdball mit einem Apfel und die Erdrinde mit seiner Schale verglichen.
Damit uns auch annähernd begreifbar wird, wie lange wir Menschen schon auf dieser Erde leben, wählen wir auch einen Vergleich.
Erst rund 2 Millionen Jahre ist es her, daß die Gattung homo – Mensch auftrat. Allerdings in einer Gestalt, die unserer heutigen wenig ähnlich ist. Wir würden uns, bei der Begegnung mit einem solchen Vorfahren, mächtig erschrecken.
Erst seit rund 40.000 Jahren zählen wir uns deshalb so richtig zu den Menschen gehörig, auch wenn wir uns von unseren allernächsten Vorfahren, den Affen, in manchen Dingen noch nicht allzu weit „fort entwickelt" haben(Affen haben kein Fernsehen und keinen Computer. Aber führen Affen, aus niedrigem Instinkt wie wir Menschen, Kriege?).
Suchen wir also einen Vergleich, um den Zeitraum zumindest ein wenig zu begreifen, den der Mensch im Gegensatz zur Erde erst existiert.
Wir tun einfach so, als entsprächen die rund 4,5 Milliarden Jahre der Erdgeschichte einem einzigen Jahr mit seinen 365 Tagen. Wo taucht dann der Mensch auf? - Am letzten Tag, dem 365.Tag, und dann auch noch erst kurz vor Silvester! So wenig fallen die 2 Millionen Jahre seiner Existenz ins weltzeitliche Gewicht.

Bleiben wir bei diesem Bild, dann waren die ersten Wirbeltiere schon im April da, die Dinosaurier im Juli und schon Ende Oktober wieder ausgestorben ... und Haie etwa im Juni; doch die, deren Zähne wir hier an der seeländischen Küste suchen, finden und sammeln, erst im Dezember, nämlich vor frühestens 65 und spätestens 23 Millionen Jahren. Jüngere versteinerte Zähne stammen von Haiarten, die es auch heute noch gibt.

Woher aber wissen wir das alles so genau? Wie alt die Erde, die Pflanzen, die Tiere und wir Menschen sind?

Es gibt viele Möglichkeiten und Methoden, das Entstehen der Erde und des Lebens auf der Erde zu bestimmen. Aber die meisten Erkenntnisse haben wir, wie wir schon wissen, durch Fossilien erfahren.

Die ältesten aussagefähigen Fossilien stammen aus dem Kambrium* vor rund 550 Millionen Jahren. Das Mesozoikum*, von 250 bis 65 Millionen Jahren, war das Zeitalter der Dinosaurier, die sehr wahrscheinlich durch einen gewaltigen Meteoriteneinschlag*, der die riesigen Becken der heutigen Tiefsee bildete und große Teile der Erde mit einer kilometerhohen Flutwelle weithin überflutete, völlig ausgerottet wurden.

Gleichzeitig hatte sich die Erde bei zusätzlich starker Abkühlung für einen längeren Zeitraum verfinstert, der ausreichte, die Nahrungsquellen der Dinos absterben zu lassen. Die Tiere, die nicht direkt beim Einschlag des Meteoriten oder in den Fluten umgekommen waren, verhungerten.

Die Haie sind etwa 100 Millionen Jahre älter als die Dinos, eroberten sich aber erst im Känozoikum* von 65 Millionen bis etwa vor 23 Millionen Jahren die Vorherrschaft im Meer. Auch die Haie wurden wahrscheinlich durch einen Riesenmeteoriten und seine furchtbaren Folgen fast vollständig ausgerottet. Fast. Sonst gäbe es heute keine Haie mehr.
Hier ging der Einschlag des Meteoriten mit einer nachfolgenden Warmzeit einher. Die Polkappen schmolzen ab, und ihre Wasser führten riesige Schlick- und Sandmassen mit, in denen die Haie massenweise erstickten. Und von denen, die damals untergingen, finden wir heute die Fossilien, auch die Zähne.

Sedimente

Wir haben erfahren, daß einige Meeresbecken durch Meteoriteneinschläge entstanden sind; andere, wie der Atlantische Ozean vor etwa 200 Millionen Jahren, entstand durch Lava-Eruptionen und wieder andere verdanken ihren Ursprung Absenkungen und die Gebirge Auffaltungen.
Über die vielen Millionen Jahre der Erdgeschichte wechselte das Klima häufig. Mal herrschten Wüsten vor, mal Eiszeiten, und durch das Abschmelzen der riesigen Eismassen weitläufige Überschwemmungen.
Am Beginn des uns besonders interessierenden Tertiär*, also vor rund 65 Millionen Jahren, zog sich das fast ganz Europa überschwemmende Meer zurück; im Verlaufe des Tertiär überflutete es aber noch einmal die europäischen Festländer, die schon weitgehend ihre heutige Gestalt hatten, ehe sich das Wasser erneut zurückzog.

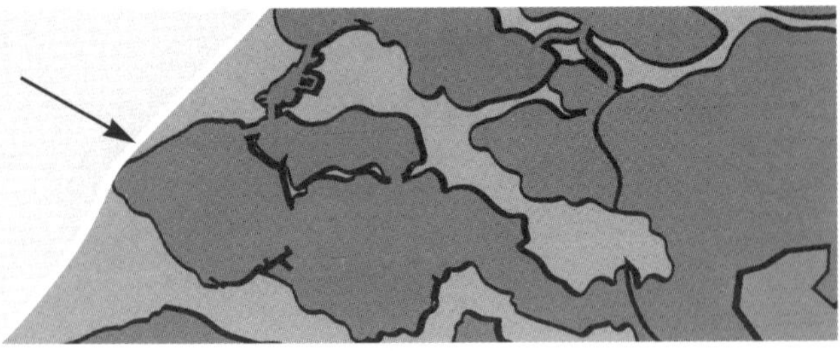

Rund 8000 v.Ch. lag der Wasserstand an der seeländischen Küste um 25 Meter niedriger als heute. Zeeuwsch-Vlaanderen* war noch über Walcheren und Beveland und Schouwen-Duiveland bis an die Waal-Mündung als durchlaufender Küstenstreifen miteinander verbunden.
Als das Wasser in den nächsten rund 3000 Jahren bis fast auf den heutigen Stand anstieg, setzte es nicht nur die vorherigen Uferlandschaften bis weit ins Landesinnere unter Wasser, sondern ließ auch durch Überfluten der tiefer gelegenen Flächen große Inseln wie Walcheren und Schouwen-Duiveland und kleinere Inseln vor der seeländischen Küste entstehen wie Suydsant, Catsant, Coesant, Biervliet und andere, ehe vor allem diese kleineren, zwischenzeitlich sogar bewohnt, wieder überflutet wurden.

Catsant blieb Insel, bis es abgedeicht, zu Polderland* und zu Cadzand wurde. – Der Name leitet sich im übrigen von Cade und Zand ab. Cade nennt man einen kleinen Deich. Schon vor rund 1000 Jahren gab es ein ganzes System solcher Caden aus Zand/Sand, die das heutige Cadzand gegen das Meer geschützt haben.

In den Küstenbereichen entstanden riesige Sümpfe und Moore, die von nachfolgenden Fluten wieder mit Sedimenten überzogen wurden.
Diese Sedimente waren entstanden, als die Wasserstände noch niedrig oder die Meeresbecken trocken gefallen waren. Sand, Kies und Schlick entstehen durch Erosion*, also Zerstörung großer Brocken zu feinen Teilen durch z.B. Reibung, Wind, Kälte oder Hitze.
Waren die Meeresbecken mit Wasser gefüllt, schwemmten die Flüsse zusätzlich Sedimente ins Meer und lagerten sie ab, sobald ihre Schub- und Tragkraft erlahmt waren.
Waren Lebewesen in den wasserlos gewordenen Kratern zugrunde gegangen, deckten die Sedimente die übrig gebliebenen harten Teile wie Gehäuse von Muscheln und Schnecken, Skelette* und Zähne unter immer dickeren Schichten zu. Auch die Flüsse führten in ihren Sedimenten die harten Überreste von Lebewesen mit, die bei Überflutungen an Land geworfen, an Land oder in anderen trocken gefallenen Gewässern zugrunde gegangen waren.

Bei dem hohen Druck, der nach und nach durch die neuen Schichten entstand, und der schließlich fehlenden Luft, versteinerten die Haifischzähne und anderen harten Teile zu Fossilien.
Sedimente konnten, wie etwa beim Zwin, auch andere Folgen nach sich ziehen. Dort haben Wind und Meer und die von den Einwohnern vorgenommenen Eindeichungen und damit Strömungsänderungen die Zwingeul, die Fahrrinne vom Meer an Sluis vorbei nach Brügge, verlanden lassen, so daß Schiffe sie nicht mehr passieren konnten. Was zur Folge

hatte, daß die Menschen dieser bis ins 17.Jahrhundert reichen und stolzen Hansestädte rasch verarmten.

Der Zwin im 17.Jahrhundert

Was wir heute sehen, ist nur noch ein Abglanz davon; Tourismus hat den erfolgreichen Handel der damaligen Zeit kaum nennenswert ersetzt. Heute werden deshalb große Anstrengungen unternommen, neue Ideen, Landschaft, Historie und kaufmännischen Fleiß vermehrt für Urlauber zu aktvieren.

Die seeländische Küste(Zeeuwsch Vlaanderen)

Schwemmt ein Fluß, wie die Schelde z.B., sehr große Mengen an Sedimenten ins Meer, kann es zu so hohen Aufschwemmungen vor der Küste kommen, daß sich regelrechte Inseln bilden. Man nennt sie Deltainseln, wenn sich die Sedimente führenden Flüsse zu einer fächerförmigen Mündung verbreitert haben, die dem griechischen Buchstaben delta ähnlich sehen.
Inseln können aber auch durch Wellenbewegung entstehen.

Sie nennt man dann Düneninseln. Wellen schwemmen in diesem Fall Sand auf Sand in Küstennähe, bis die Oberfläche aus dem Meer ragt. Erste Pflanzen siedeln sich an. Durch Wind und Vögel werden ihre Samen angelandet. Der Boden verfestigt sich und wird durch neue Schichten mächtiger.

Lagunen heißen die flacheren Inseln meist im Wellenschatten der Düneninseln. Sie ragen in der Regel nur bei Ebbe aus dem Wasser und bilden nicht selten bei Flut für unkundige Schiffer gefährliche Hindernisse. Zusammenstöße und Auflaufen auf Grund hat es im Bereich der Westernschelde öfter gegeben.

Die versunkenen Inseln Schorrevelde, Coesant und Wulpen um 1300. Das höher gelegene Catsant blieb Insel.

Betrachten wir das Bild der seeländischen Küste um 1300, erkennen wir drei Deltainseln, die aus Sedimenten, welche die Schelde mitführte, aufgeworfen wurden: Schorrevelde, Coesant und die größte, Wulpen. Schooneveld (heutige Schreibweise) und Wulpen erinnern nur noch als Namen von Campingplätzen an diese damals bewohnten Inseln. Das

Meer hat sie zurückerobert und als Flächenablagerungen dem Meeresboden wieder gleich gemacht.

Fossilien am Strand

Das Meer nimmt also und gibt, ist durch Ebbe und Flut in einer dauernden Vor- und Rückwärtsbewegung, und Sturm- und Springfluten und Wind und Wetter nagen an den Dünenbauwerken.
Strömungen am Grund des Meeres schieben und ziehen die Sedimente, wühlen sie auf und kehren sie um. Was zuunterst liegt, wird nach oben gebracht und mit den Gezeiten* schließlich an den Strand. Zu unserer Freude auch die Fossilien, dabei u.a. Muscheln und Schnecken und vor allem die von Urlaubern und Einheimischen besonders begehrten Haifischzähne aus dem Tertiär von vor 65 bis vor 5 Millionen Jahren.
Das muß man sich vorstellen: auch die jüngsten Funde sind also viel älter als der Mensch, der seine ersten Entwicklungsschritte gerade mal vor 1,5 Millionen Jahren begann und eigentlich erst seit rund 40.000 Jahren den Namen Mensch tatsächlich verdient.

Aber noch ein Grund beschert uns die vielen schönen Fossilien: das Anschwemmen großer Sandmengen für die Dünenbauwerke mittels Pumpschiffen. Durch das Ansaugen des Meeresbodens wurden auch tiefer gelegene Sedimente mit ihren noch nicht ausgebeuteten Schätzen frei, und diese werden nun, Fossil für Fossil, angeschwemmt. Etwa:

- 70 Arten Haifischzähne,
- 20 Arten Rochenplatten,
- 30 Arten Zähne bzw. ‚Sägeblätter' von Drachenfischen,
- 35 Arten von Säugetieren und
- 70 Arten fossile Muscheln und Schnecken.
- 200 Arten sind bis heute noch nicht endgültig bestimmt.

Dazu kommen u.a. versteinerte Gehörgänge von Walen, Teilstücke von Nashörnern und Mammutzähnen, Schalen und Platten von Krebstieren, Wirbel und infolge von Kalkeinlagen versteinerte Knorpelteile. Allerdings ist es für den touristischen Laien nur schwer möglich, die seltenen echten Fossilien von den eher wertlosen aussagearmen Versteinerungen zu unterscheiden.

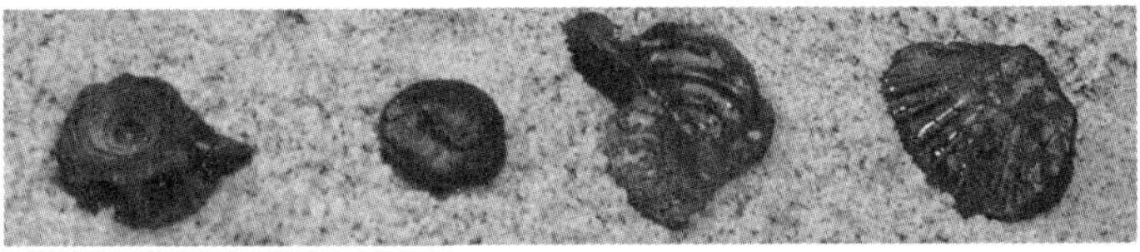

Haie und Rochen

Die Entwicklung der Erde zwischen Kreidezeit* und Tertiär*, das uns besonders interessiert, war gewaltiger als zwischen anderen aufeinander folgenden Zeiträumen.
Mit dem Tertiär begann geradezu explosionsartig eine neue Ära der Erdgeschichte: Die Gebirge, wie wir sie im wesentlichen auch heute noch kennen, entstanden; gewaltige vulkanische Explosionen und die von ihnen ausgelösten Erdverschiebungen bildeten weitgehend die heutigen Kontinente und ihre klimatischen Zonen.

Die Pflanzenwelt veränderte sich sprunghaft durch das Aufkommen der Laubhölzer; aus der Tierwelt verschwanden auch die letzten Saurier: vor allem aus den Meeren; zu Land entwickelten sich die Säugetiere; im Meer trat der Hai seine Herrschaft an.
Im Alttertiär bildeten sich die sogenannten Sammeltypen einzelner Tierarten, während sich im Jungtertiär die einzelnen Tierarten in viele Untergruppierungen weiterentwickelten. So auch die Haie zu einer Vielzahl von Arten mit – entsprechend ihren Lebens- und Freßgewohnheiten – unterschiedlichen Gebissen und Zähnen, was das Sammeln ja so besonders spannend und abwechslungsreich macht.
Haie beherrschten fortan die Meere. Aber nicht nur ihrer Vielzahl ist es zu verdanken, daß wir ihre versteinerten Zähne als fossile Zeugen in nicht versiegender Zahl am Strand finden, sondern auch der Besonderheit ihres Gebisses.
In mehreren Reihen bis in die Tiefe des Rachens reichten die Zähne. Verlor der Hai Zähne, z.B. beim Reißen von Beute, wuchsen diese umgehend und so oft nach, wie er sie verlor; nicht nur einmal, wie beim Menschen. Von kleinsten Zähnen im Backenzahnbereich bis zu den grossen Fang- und Reißzähnen im Vordergebiß fanden Hunderte, ja, Tausende Platz.

ca. 10 cm

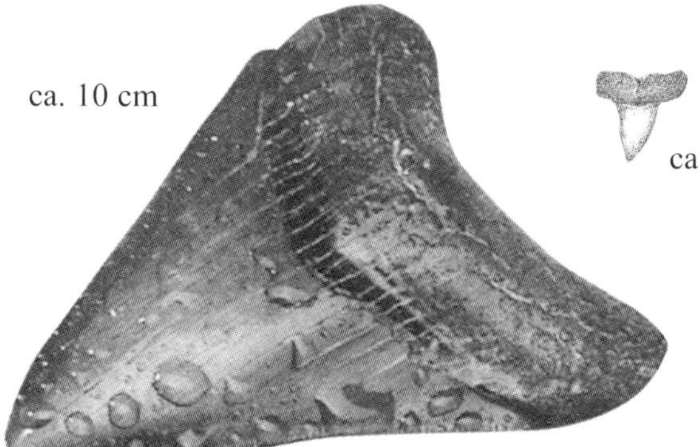

ca. 1 cm

Bei den größten Haien, wie dem Carcharodon megalodon, einem Riesenhai, der zwischen 12 und 15m lang war, maß der Rachen rund 1m Breite mit Zähnen bis zu 10cm Länge und Gewichten zwischen 1 und 2 Pfund.
Haie waren und sind Fleischfresser, das zeigt auch die Ausbildung ihrer Zähne. Anders als bei Rochen, deren Kiefer mit mehreren Reihen von flachen Mahlzähnen, den sogenannten Pflasterzähnen, bedeckt waren.

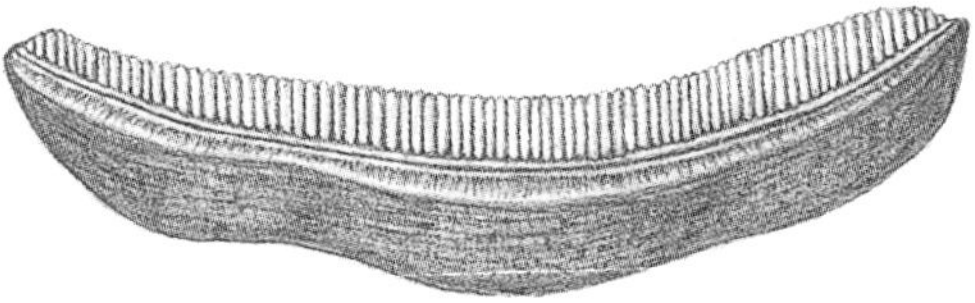

Komplette Zahnpflaster findet man kaum; sie zerbrechen leicht wegen ihrer Länge und nur geringen Dicke. Dagegen finden sich Bruchstücke um die 1cm Länge recht häufig; allerdings heute fast nur noch am Zwin. Größere Stücke nur in äußerst seltenen Ausnahmen.

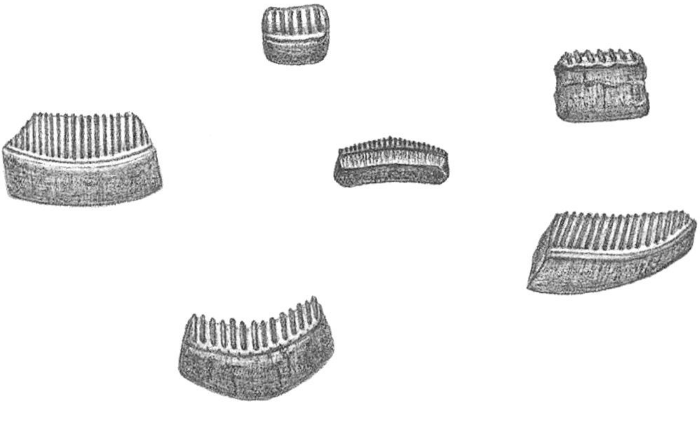

Muscheln	**und**	**Schnecken**
(Bivalvia)		(Gastropoda)

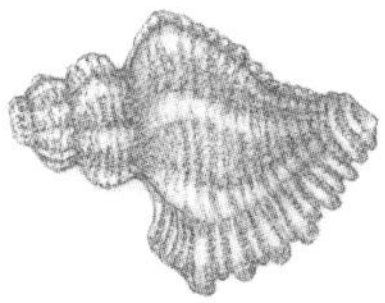

Muscheln und Schnecken gehören zur Klasse der Weichtiere. Von Schnecken sind rund 105.000 zum großen Teil beschalte Formen bekannt, von Muscheln rund 20.000; dazu kommen noch etwa 2.000 artärmere Klassen.
Aus dieser Fülle eine sinnvolle Auswahl zu zeigen, ist unmöglich; selbst aus den an der seeländischen Küste vorkommenden rund 70 Formen mit ihren Untergruppen und zahlreichen Familien auszuwählen, fällt nicht leicht. Exemplarisch wurden die wichtigsten bzw. häufigsten abgebildet.
Schon bei Aristoteles wurden Muscheln und Schnecken nach ihrer auffälligsten Eigenart benannt, der Bedeckung mit einer harten Schale: Schaltiere (Ostracoderma, Testacea). Wurden anfänglich die schalenlosen Tiere gesondert als Weichtiere (Mollusca) bezeichnet, werden heute auch die beschalten wegen ihrer Übereinstimmung im Körperbau als Weichtiere eingeordnet; zur Unterscheidung: die ohne Schalen als Mollusca, die mit Schalen als Conifera.
Weiterführende Lektüren für schon Weitergebildete unterscheiden „Übergeordnete Kategorien, Stammgruppen, Klassen-, Ordnungs-, Familien-, Gattungs- und Artgruppen“. Unser eher informelles und einführendes Anliegen gilt mehr den Formen und Größen und der Freude, sie zu betrachten und vielleicht sogar anhand von Vergleichen mit den Abbildungen nach Art und Alter einzuordnen.

Muscheln

Muscheln leben ausschließlich im Wasser. In ihre zweiklappigen Schalen paßt das ganze Tier. Sie atmen durch Kiemen und nehmen ihre Nahrung durch Filtrieren auf. Muscheln

sind vorwiegend getrenntgeschlechtlich; die Befruchtung erfolgt im freien Wasser.
Nur wenige Muschelarten bewegen sich kriechend auf den Sedimenten. Die meisten graben sich im Sediment ein. Andere heften sich mit Byssusfäden, einem im Wasser sich verfestigenden Sekret der Muscheln, an feste Unterlagen an. Wieder andere bohren sich an Holz oder weiches Gestein.

Zweiklappige Elefantenmuschel

Phasianella striata

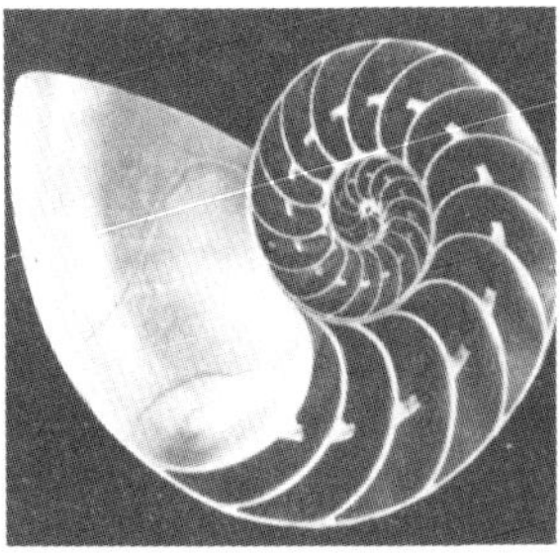

Argonautenmuschel mit Wohn- und Druckkammer

Einige bewegen sich, indem sie das aufgenommene Wasser kräftig nach hinten ausstoßen und den Rückstoß als Fortbewegungsschwung nutzen. Mit Hilfe von speziellen Muskeln öffnen oder schliessen die Muscheln ihre Schalen.
Die Muschelschale besteht aus zwei Hälften, die durch ein elastisches Schloßband zusammengehalten werden. Die Wirbel der Tiere, von denen das Schalenwachstum ausgeht, liegen gewöhnlich in der Mitte, so daß sich, in der Regel gleichseitig, eine vordere und hintere Hälfte bilden kann.
Während die Innenseiten glatt sind und weiß, farbig gefleckt oder perlmuttrig, zeigen die Außenseiten konzentrische Anwachsstreifen, Schuppen, Knoten oder Stacheln.
Nicht selten werden Meeres- oder Tiefseemuscheln mit den Schnecken verwechselt, weil sich ihre röhrenförmig gebogenen Schalen (Elefantenzahn) oder auch die einem Schneckenhaus ähnelnden Schalen mit Wohn- und Druckkammern (Argonautenmuschel) so ähnlich sehen.

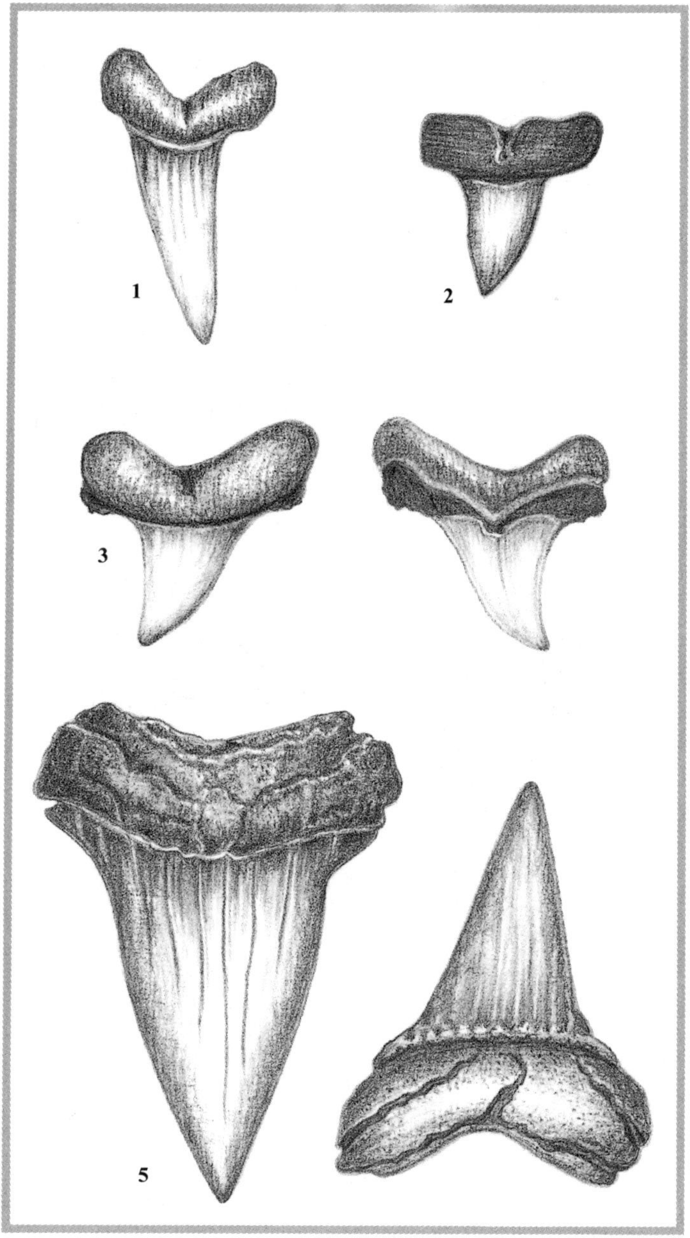

a

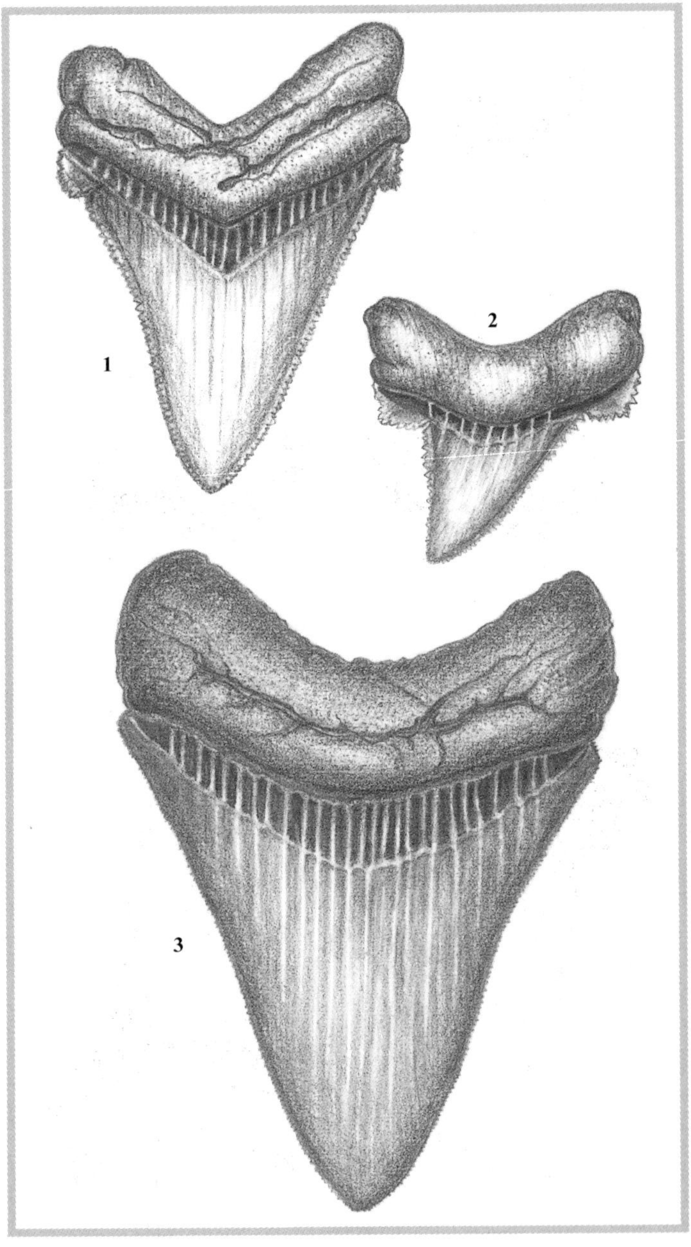

b

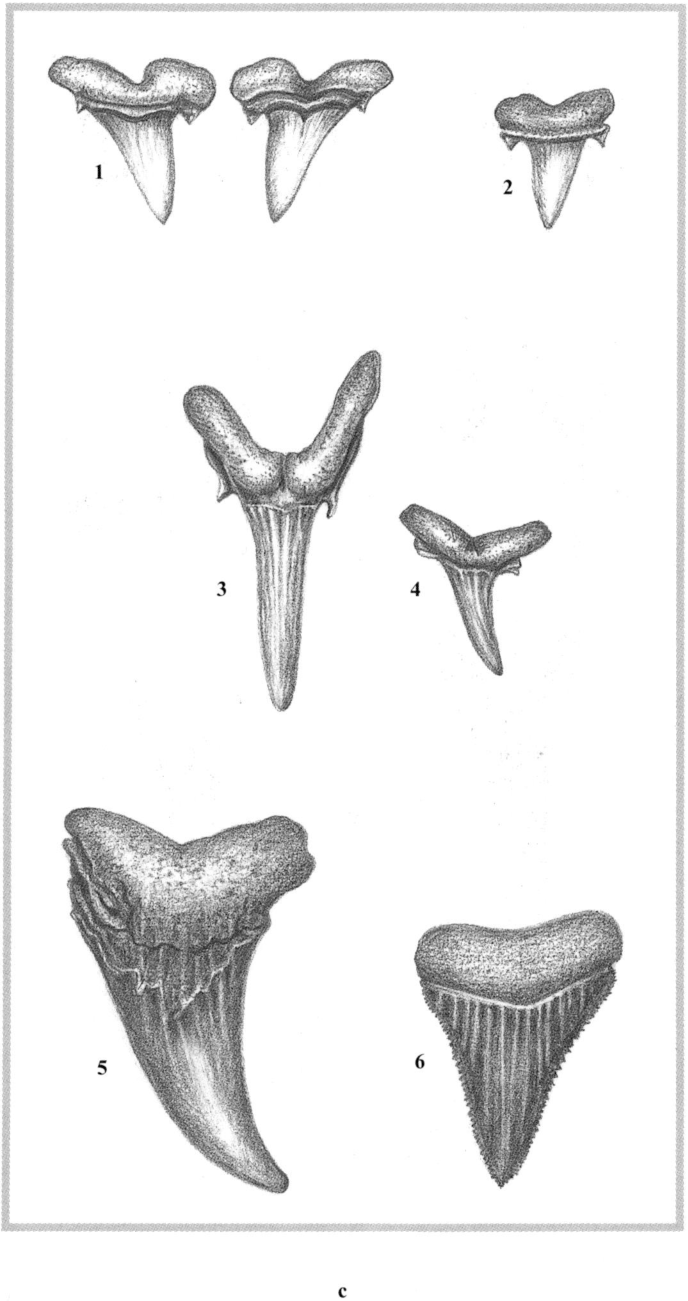
1
2
3
4
5
6

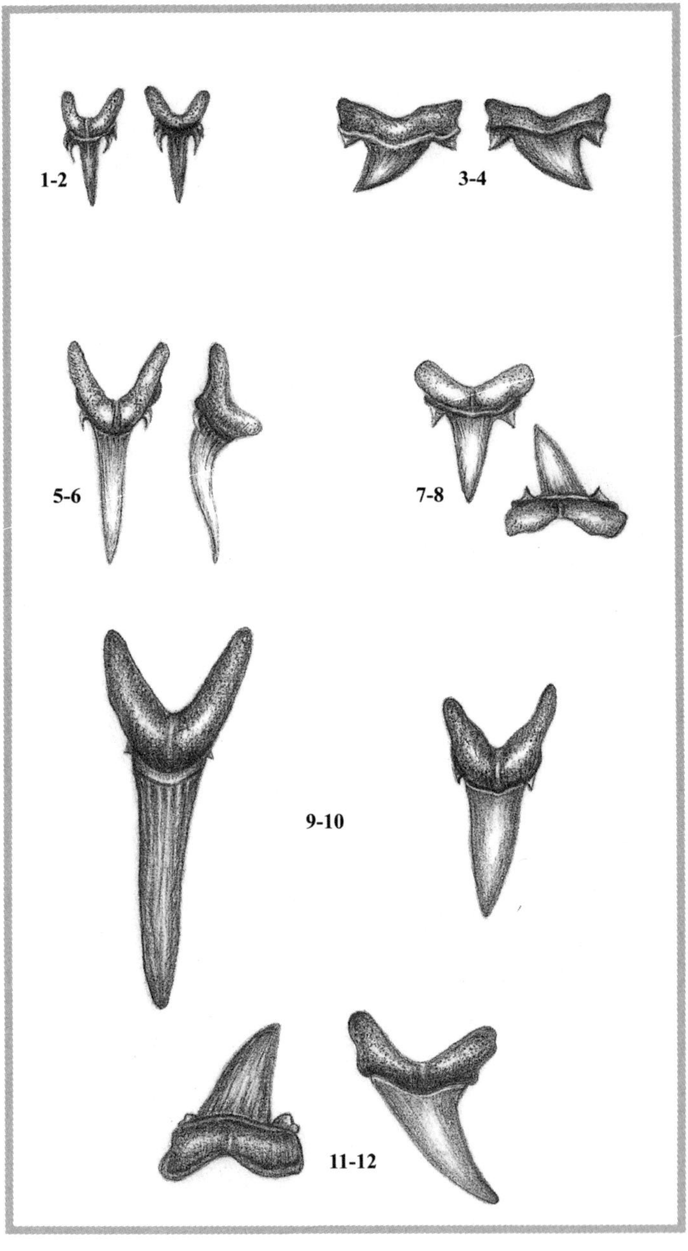

d

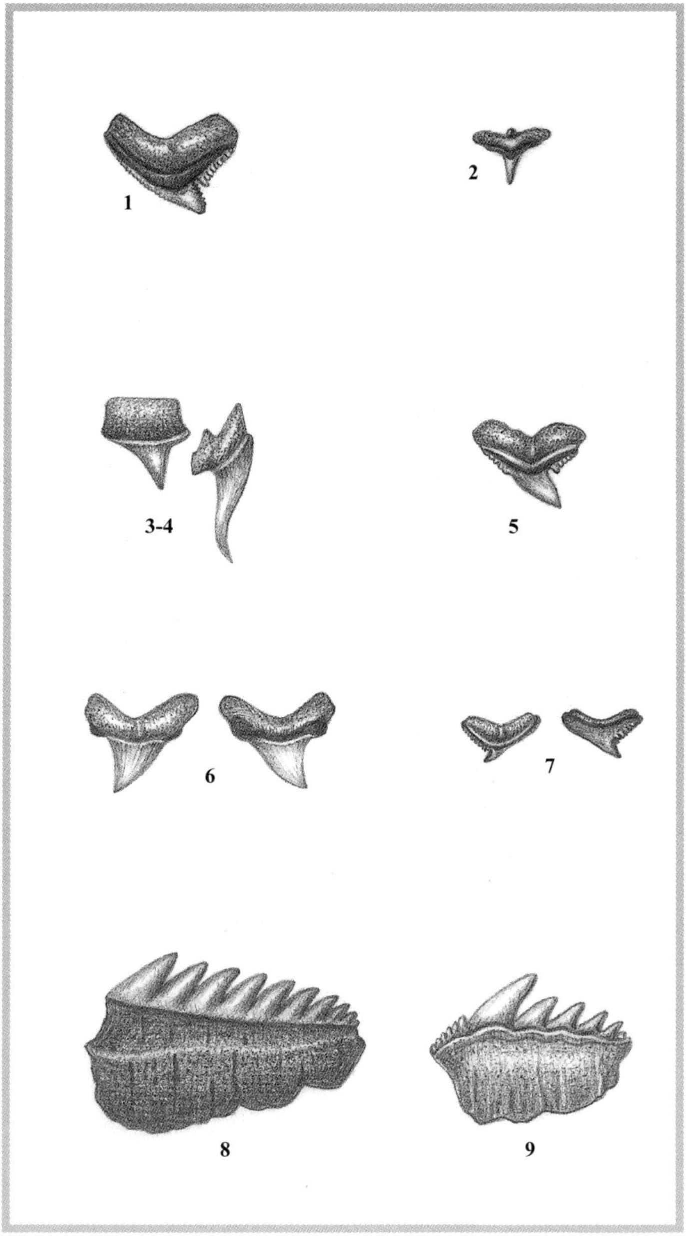
1
2
3-4
5
6
7
8
9

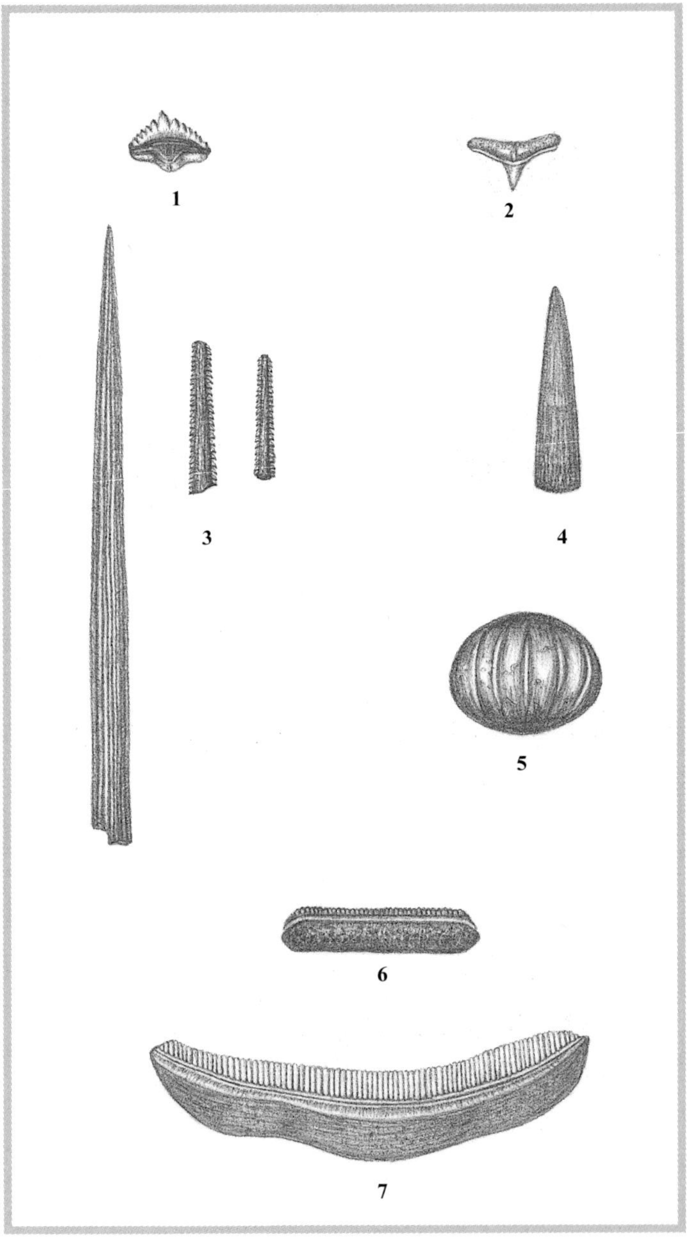
1
2
3
4
5
6
7

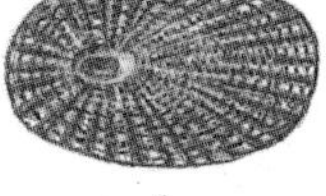

1

2

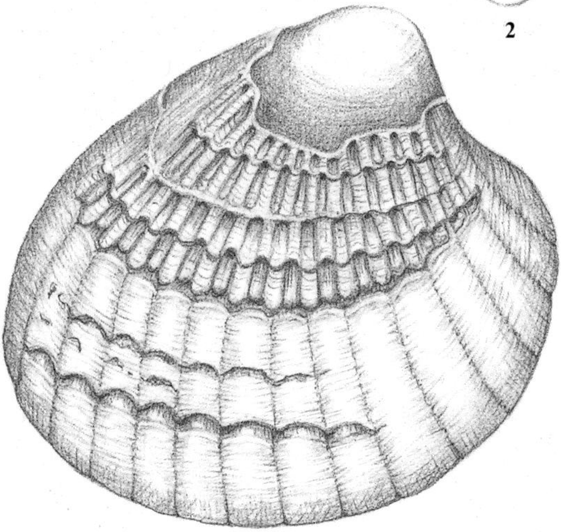

3

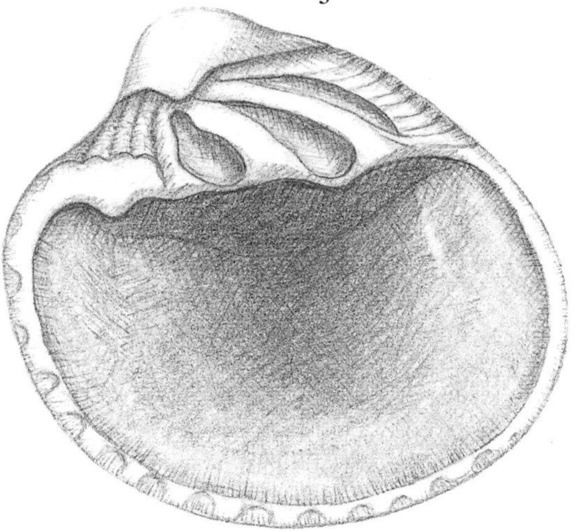

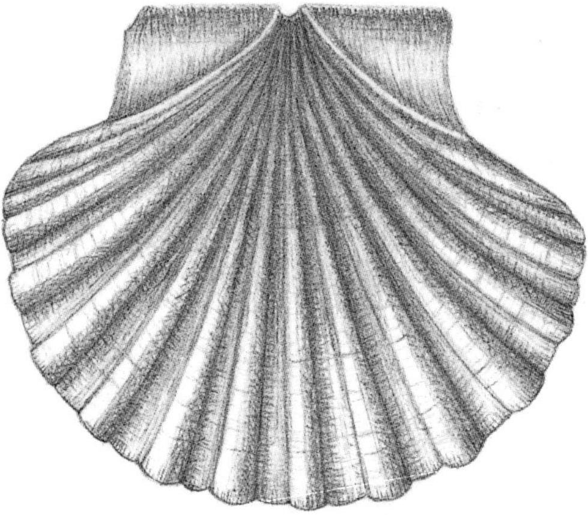

1

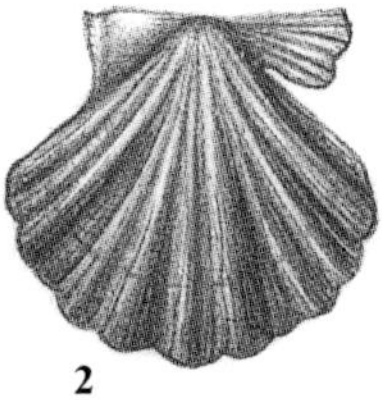

2

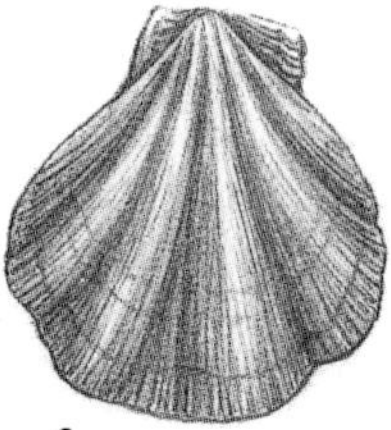

3

4

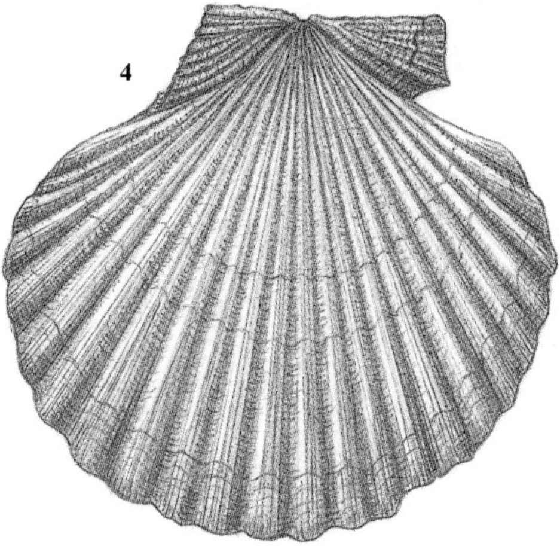

h

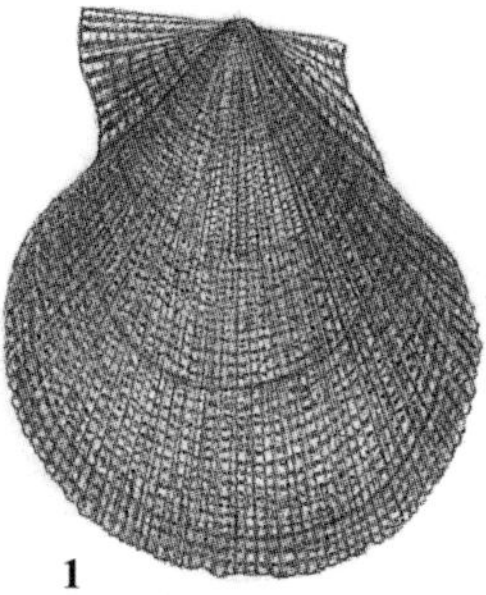

1

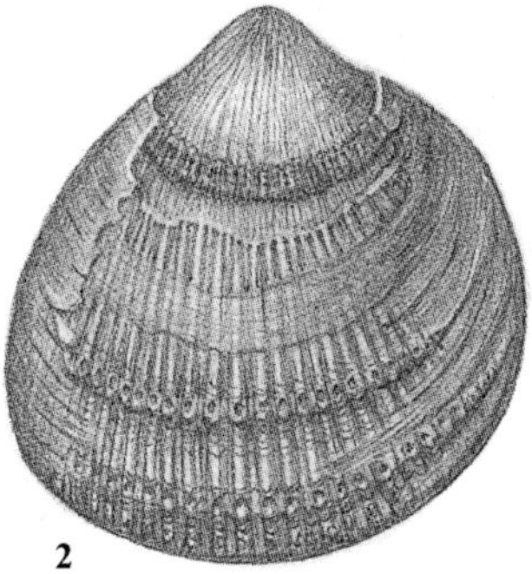

2

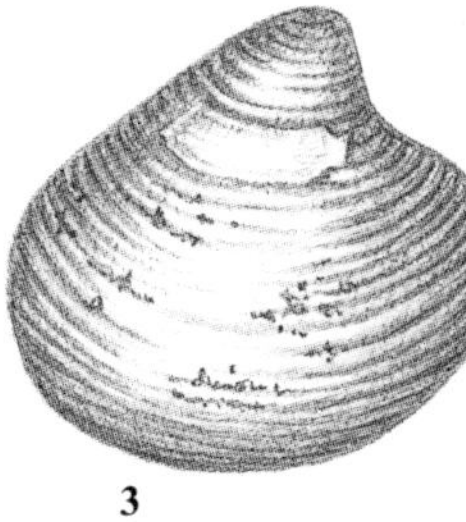

3

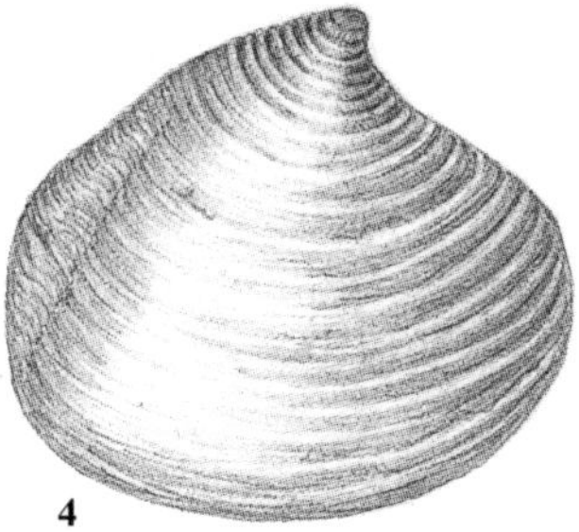

4

5

6

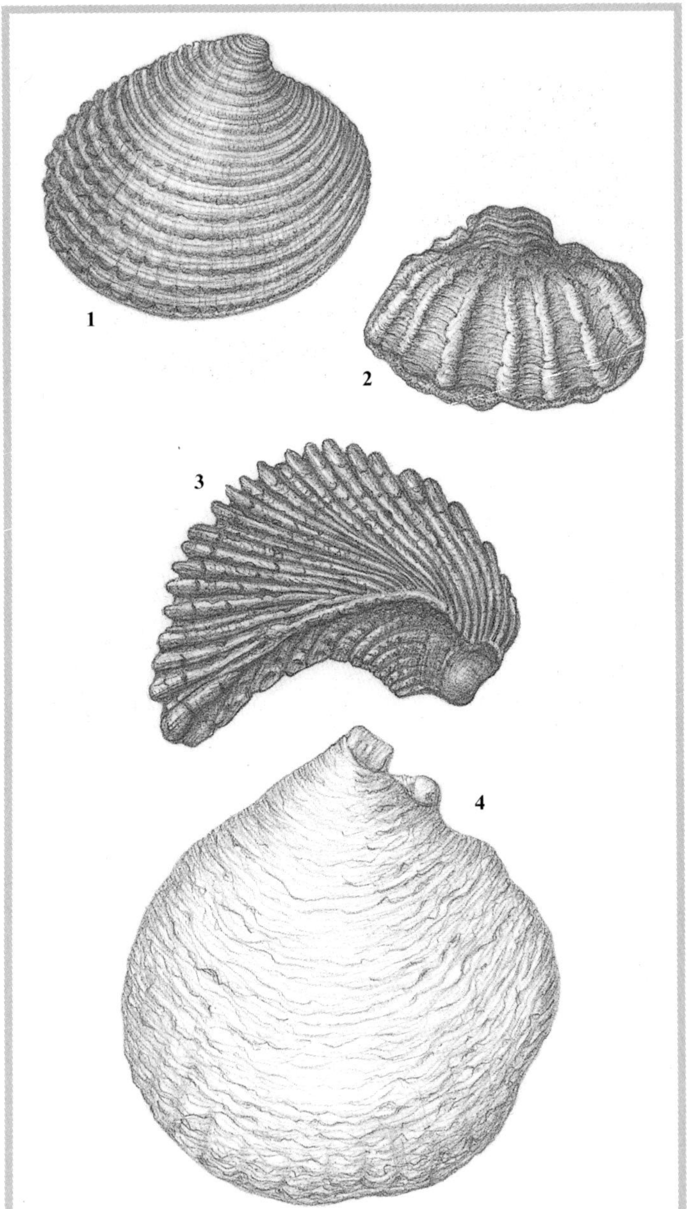

j

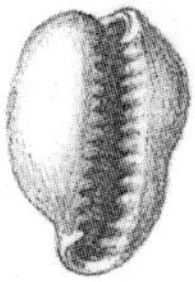
1

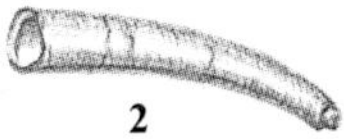
2

3

4

k

1
2
3

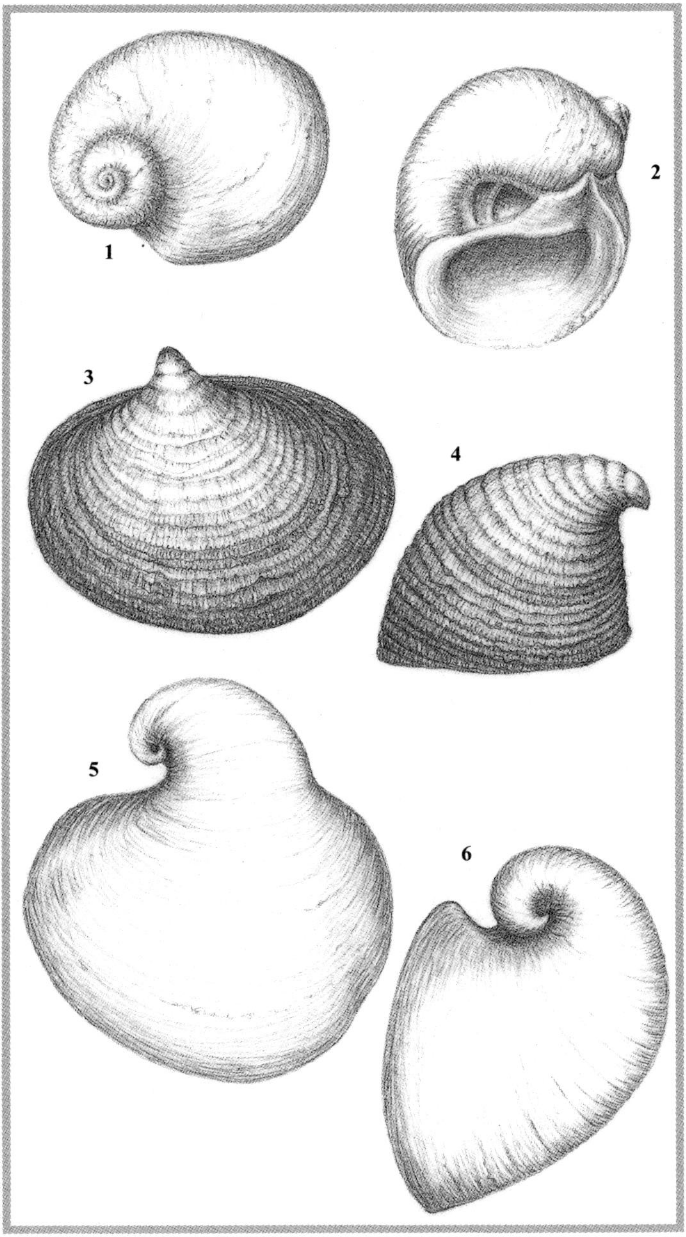

m

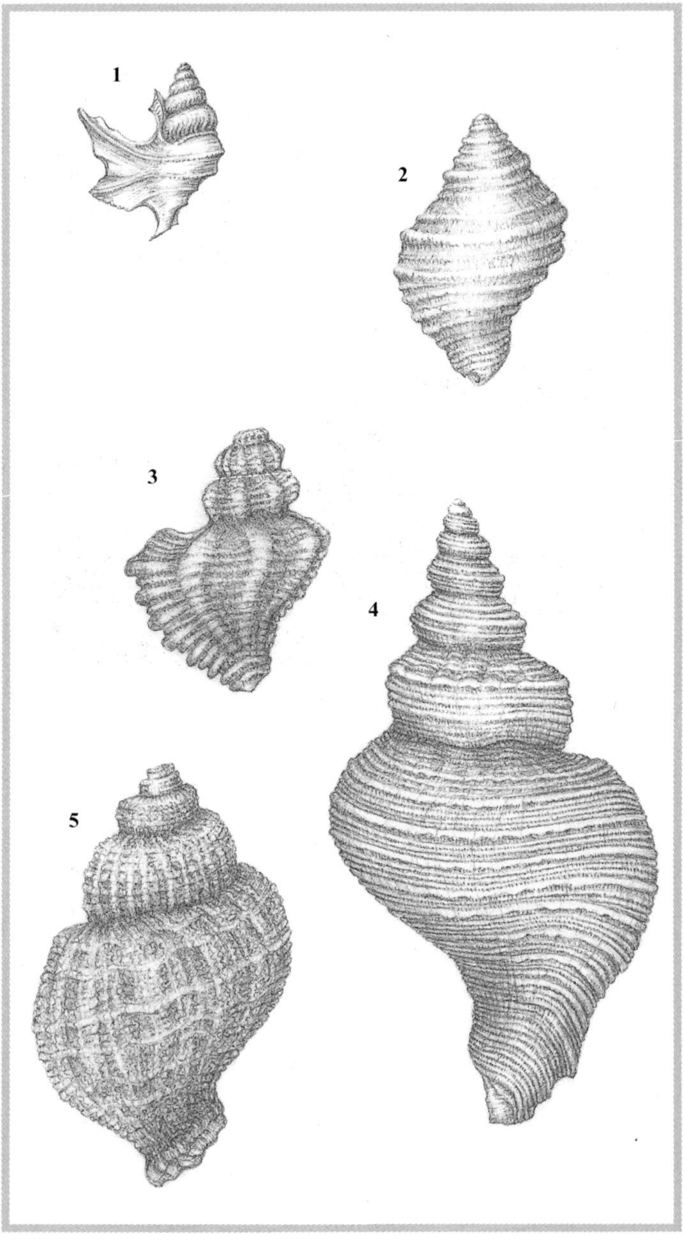

n

1

2

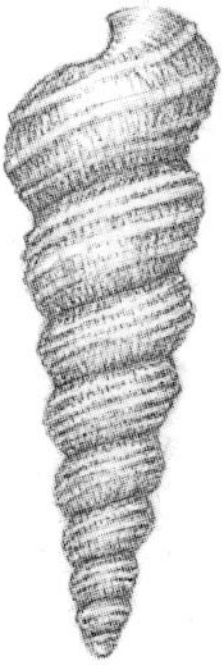

3

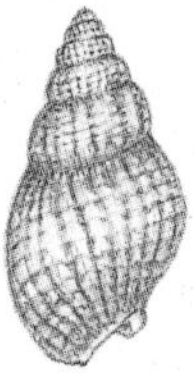

4

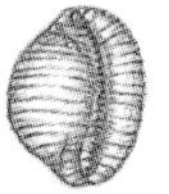

5

6

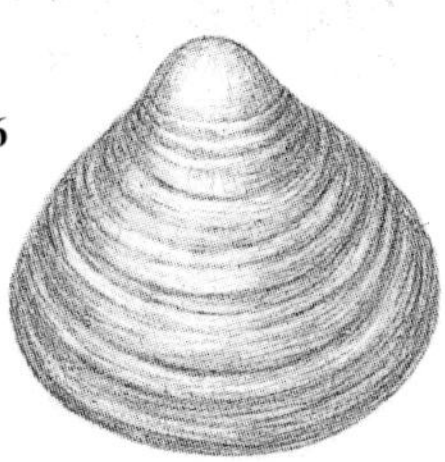

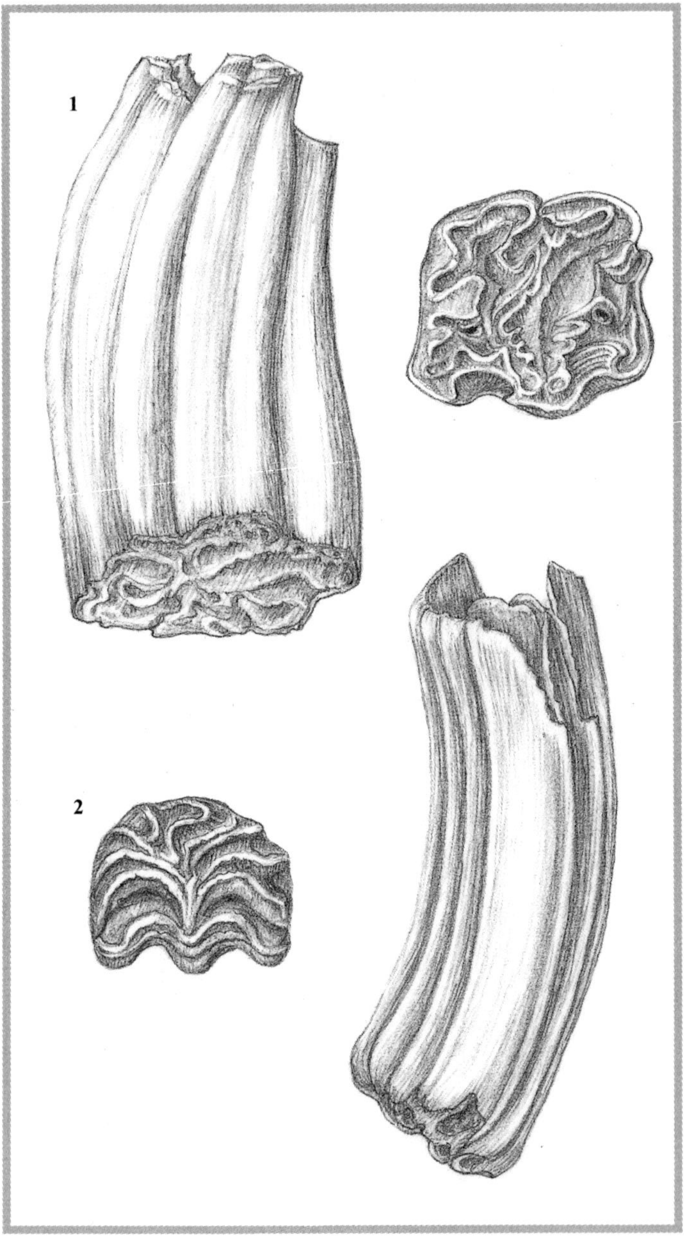
1
2

Schnecken

Schnecken kommen im Meer, Süßwasser und auf dem Land vor. Neben Feuchtigkeit sind Temperatur, Licht und Salzgehalt wichtige Faktoren für ihr Überleben. Die Tiere im Wasser atmen mittels Kiemen, die an Land haben Lungen. Bei Schnecken, deren Gehäuse sich zurückgebildet haben, spricht man von Nacktschnecken.

Schnecken gibt es getrenntgeschlechtlich, als Zwitter oder wechselgeschlechtlich(jung männlich, erwachsen weiblich). Schnecken tragen ihr Gehäuse meist auf der Mitte des Rückens. Sein ältester Teil ist die Gehäusespitze. Sie wächst in Perioden von der Basis mit Zunahme der Spiralen nach oben und ist fest verschlossen. Feine Rinnen am unteren Gehäuserand dienen der Atmung und Darmausscheidung. Der Weichkörper des Tieres kann aus der Mündung austreten und diese nach Rückzug ins Innere verschließen.
Die meisten Gehäuse sind rechts-, also im Uhrzeigersinn gedreht. Sie dienen im Wasser als Schutz vor feindlichen Zugriffen, an Land gleichzeitig vor Feuchtigkeitsverlust und Austrocknen.
Das Material der Gehäuse besteht aus Ausscheidungsprodukten der Zellschicht der Hautoberfläche und aus organischen wie anorganischen Substanzen.
Ihr Hauptbestandteil ist das organische Conchiolin – verwandt dem Chinin der Panzer von Krebsen und Insekten -,

das aufgrund elektrochemischer Vorgänge in Kalk umgewandelt wird. Ein komplettes Gehäuse besteht schließlich nur noch zu ca 10% aus organischer Substanz; der Rest sind anorganische Anlagerungen.
Die Farben der Gehäuse werden durch Pigmente gebildet, die das Weichtier produziert, und sind von der Nahrung abhängig. Bei Zonen- oder Futterwechsel ändern sich die Farben und bilden sich z.B. zu Girlanden, Wellen- oder Winkelbändern aus. Farbgebungen als Schutzfarben sind wahrscheinlich eher zufällig.

Die Funde

Am Strand oder auf dem Land kann man Gehäuse und Schalen von Schnecken und Muscheln finden. An der Küste von Zeeland gibt es sie in durchaus reichem Maß. Häufig aber werden sie nur zweitrangig beachtet, weil Haifischzähne die besser bekannten Sammelobjekt sind.
In Sedimente eingeschlossen und vor Erosion* bewahrt, haben viele als Fossile überdauert, erzählen somit vom Wandel über längere Zeiträume und sind daher wichtige Zeitzeugen.

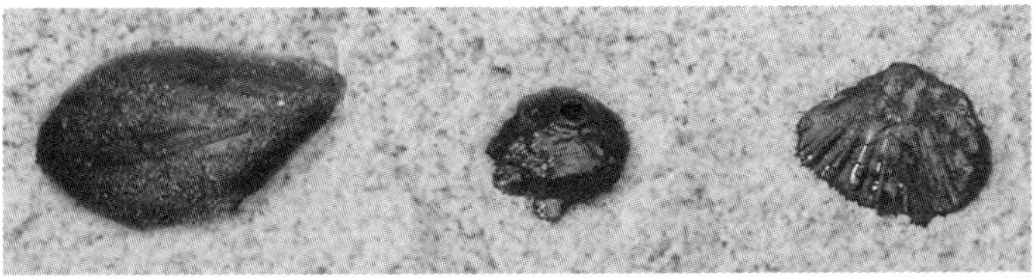

Umgekehrt hat vor allem hoher Druck zur Zerstörung von Gehäusen und Schalen geführt, während gleichzeitig das umgebende Sediment zu Gestein erhärtete und so – als Negativ – von der ursprünglichen Form Kenntnis gibt. Diese Funde am Strand sind bei Kennern besonders begehrt.
Ebenfalls mögliche Funde sind versteinerte Vollkörper. Leere Schalen und Gehäuse hatten sich mit Sediment gefüllt, hohe Drücke die Schalen und Gehäuse zerstört und das Sediment versteinern lassen.

Somit liegen versteinerte Abdrücke der hohlen Innenkörper von Gehäusen und Schalen vor, deren sozusagen nach außen gestülpte Oberfläche das glatte und daher kaum ausgeprägte Muster der Gehäuseinnenfläche zeigt.
Diese Versteinerungen sind nicht leicht zu finden unter den vielfach häufigeren schwarzen Steinen und Phosphoritknollen und dennoch weniger „aufregend" als die Negativformen mit ihren vielfältigen Ausformungen der Außenflächen der Gehäuse und Schalen.
Statt nur eines Originals wie bei Haifischzähnen, kann man also bei Gehäusen und Schalen zwei Originale von derselben Schnecke oder Muschel finden: einen versteinerten Abdruck der Innen- und der Außenseite!

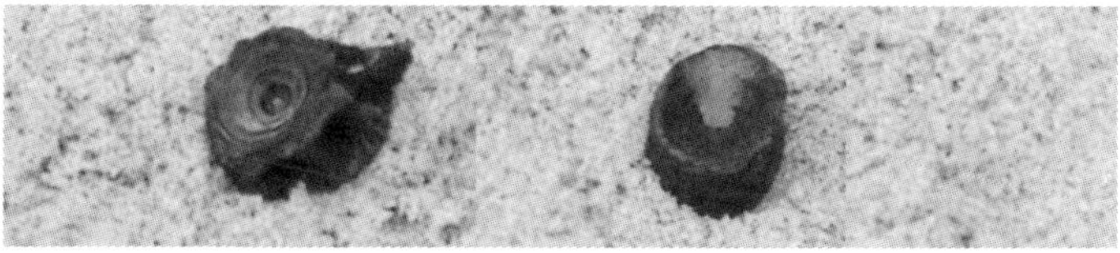

Was man außerdem findet

Haie und Rochen sind Knorpelfische. Knorpel vergeht, und somit versteinern ihre Skelette nicht. Da sich aber zwischen den flachen Rückenwirbeln leicht und ausreichend Kalk ansammelte und dieser versteinerte, findet man auch Hai- und Rochenwirbel.
Von Rochen findet man Haut- und Schwanzstacheln und vor allem am Zwin ihre als Kauleisten ausgebildeten Pflasterzähne in mehr oder weniger großen Stücken.
Schöne, wenn auch seltene Funde sind die wegen ihrer Glätte und tiefen Schwärze kleinen runden Zähne mit Schmelzkappe. Sie stammen von Meerbrassen.
Gehörsteine sind besonders fest und widerstandsfähig und oft die einzigen Zeugen von ausgestorbenen kleineren Fischarten, die sich nicht z.B. durch Zähne nachweisen konnten.
Das Tertiär gilt als Neuzeit der Erde und wird charakterisiert durch das Auftreten der Säugetiere. Fossilien von Säu-

getieren sind, vor allem für den Laien, nur sehr schwer zu erkennen. Auch hier sind es in erster Linie Zähne, dann aber auch die knöchernen Zapfen von Geweihen und Hörnern; hier der Zahn eines Krokodils, gefunden im Januar 2000 unterhalb des Strandpavillions „De Piraat“ in Cadzand.

Seeigel und Muschel-Miniaturen sind nicht alltäglich, sondern werden meist an wenigen Frühherbsttagen bei schwacher Flut mit den längsten Wellenzungen im Muschelgries abgelagert. Vor ihnen muß man, nicht nur vor Bewunderung, auf die Knie gehen, um sie überhaupt zu entdecken.

Versteinerte Korallenbrüche finden sich so häufig, daß sie nur von vervollständigendem Wert sind.
Umgekehrt ist es mit Artefakten, Zeugen der Anwesenheit von Menschen, allerdings aus einer viel späteren Zeit. So Feuersteine, gefunden nach einer Winterflut am Zwarte Polder in Höhe des Pannenschuur in Nieuwvliet 1998.
Und was ist das?

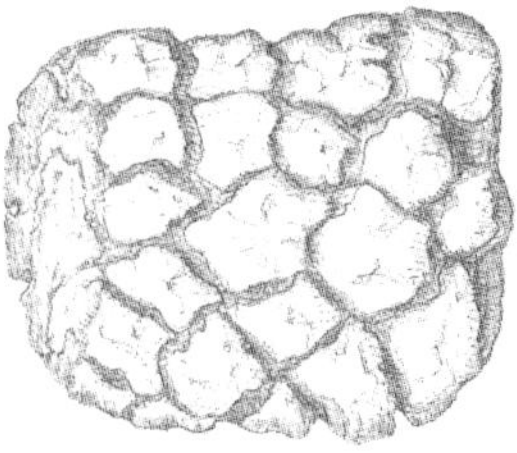

Versteinerter Kot eines Hirsches

Suchen – warum, wie, wo und wann

Die Zeiten als Jäger und Sammler haben wir längst hinter uns gelassen. Aber wenn wir beobachten, was Menschen alles sammeln und mit welcher Ausdauer und welchem Interesse gerade auch hier am seeländischen Strand, dann strafen wir diese Aussage Lügen – wenn auch auf ungeahnte Art.

Warum sammeln wir. Nicht mehr zum Überleben wird gesammelt, aber zur Leidenschaft werden kann das Sammeln schnell. Meist sammeln Touristen Haifischzähne, eben das, was sie am besten kennen. - Tatsächlich kennen? Fragte im vergangenen Herbst eine ältere Touristin einen Sammler am Strand von Nieuwvliet, als er einen Haifischzahn aufhob: „Was ist das, was Sie da gefunden haben?“ – „Ein Haifischzahn“, lautete die freundliche Antwort. Die Reaktion der Frau: „Ach du liebe Zeit. Kann man hier also auch nicht mehr gefahrlos schwimmen.“

Lachen oder weinen?

Wie mit einem Fund umgegangen wird? Wer einen Zahn findet, zeigt ihn stolz und bewahrt ihn dann meist in einem Glas auf. Dann können Finder und Bewunderer die schönen Stücke von allen Seiten gut betrachten.

Wo man nun seine Suche beginnt, ist wichtig nicht für die Qualität, sondern für die Quantität der nach vorn gebeugten Mühe.

Vor ca 30 Jahren lagen die ergiebigsten Fundplätze auf belgischer Seite und reichten vom Stadtende in Knokke bis an die Zwingeul, die versandete alte Fahrrine am Zwin, die gleichzeitig „grüne“ Grenze zwischen B und NL ist. – Aber Achtung. Auch heute noch läuft dieser Rest-Priel bei aufkommender Flut schnell voll und wird tiefer und strömungsreicher, als es auf den ersten Blick scheint. Schon mancher, der den richtigen Zeitpunkt zurück verpaßt hat, mußte per Bus oder Taxi einen weiten oder kostspieligen Umweg nehmen.

Mit den Jahren hat sich das Anschwemmen der Fossilien unmerklich und dennoch für Sammler bedeutsam in östliche

Richtung verlagert: durch Küstenbauwerke, Anlanden von Sand zur Erhöhung der Strände und vor allem Abpumpen vom Meeresboden zur Sicherung der Dünen und dadurch verursachte Strömungsänderungen.
Vor ca 20 Jahren fand man die meisten Zähne westlich des Nordzee-Hotels bis zum Zwin; vor ca 10 Jahren noch in Höhe des einladend und mit wundervollem Meerblick auf der Düne liegenden Cadzandria, wo auch jetzt noch einzelne gute Fundplätze sind. Heute findet man die meisten und vor allem spektakulärsten Fossilien an der Nordspitze rechts und links des Radiators, der, ähnlich einem Echolot – nur horizontal - den Abstand der Schiffe von der Küste mißt und ihnen durch die Übermittlung der gemessenen Daten bei der Einfahrt durch die schmale Fahrrinne hilft.
Folgt man dem Strand bis Breskens, findet man auch noch Fossilien, allerdings in stark abnehmender und vielleicht nicht mehr jeden motivierender Zahl. Um so größer kann dann die Freude sein, wenn man sogar jenseits des Fährhafens plötzlich einen Zahn findet.

Aber nicht nur die Strömung und damit die Fundorte haben sich verändert, sondern auch die Art der Funde. Fand man vor ca 20 Jahren Rochen- und Haifischzähne in einem in etwa ausgeglichenen Verhältnis, so ist das heute ganz

anders. Rochenzähne kommen bei sehr guten Fundergebnissen von manchmal bis zu 200 Stück gerade noch ein- oder zweimal vor; außer westlich des Zwin. Dort findet man auch heute noch grössere Anzahlen von Rochenzähnen.
Umgekeht ist es mit Phosphoritknollen und den auf ihnen abgebildeten Muscheln oder Schnecken. Sie fand man in den vergangenen Jahrzehnten so gut wie nicht. Sie stammen aus tieferen Lagen und wurden erst mit dem Aufsaugen von Sand vom Meeresboden freigelegt, angepumpt oder angespült.

Wann man seine Suche beginnt, darüber gibt es so viele „Regeln“, wie man Sucher fragt. Also gibt es eigentlich nur eine: keine! Dennoch gehen „Profis“ fast nur zu fünf Gelegenheiten auf die Suche:

- Wenn die Flut ihren Scheitelpunkt überschritten hat und das Wasser beginnt, sich zurückzuziehen. Der Grund: die schwächeren und vor allem längeren Wellen bei Ebbe schwappen die Fossilien an Land, fließen nur noch müde zurück und lassen die begehrten und relativ schweren Stücke auf dem Küstensand zurück. Man braucht sie nur noch zu „pflücken“.

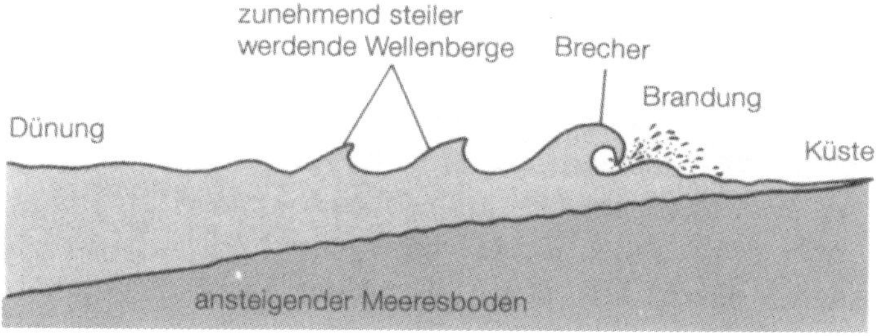

- Bei oder nach heftigem Sandwehen, vor allem auf der belgischen Seite bis an die Promenade von Knokke, weil dort der Sand hoch angespült bzw. aufgebaggert wurde. Der Grund: der trockene Sand wird vom starken Wind als dichter Teppich weggeblasen. Die schweren Versteinerungen bleiben, auf einem erhöhten sandigen Präsentierteller, zum genüßlichen Einsammeln liegen.

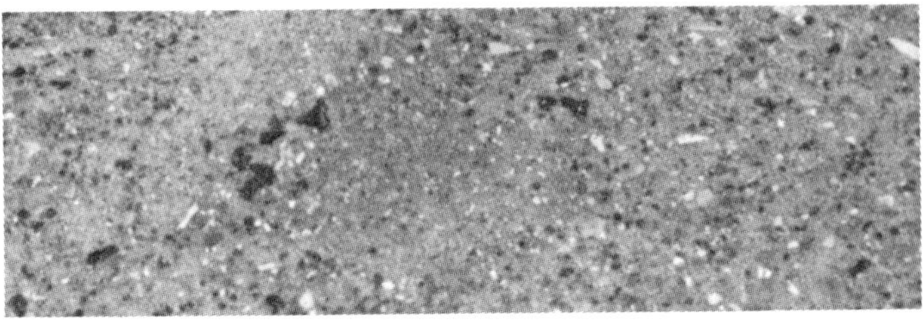

- Bei oder nach starkem Regen. Der Grund: der Regen wäscht die Fossilien im lockeren Sand aus; naßglänzend sind sie außerdem besonders gut zu sehen.

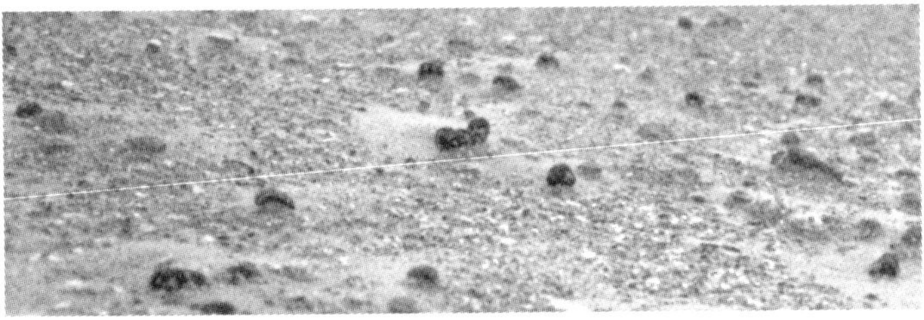

- Bei NW-Wind ab etwa Stärke 4. Der Wind drückt die eigentlich viel niedrigere Flut auf den Strand. Dort läuft sie schneller ab, wendet den Sand und läßt vor allem die schwereren größeren Stücke liegen. Die Fundstellen liegen also nicht da, wo die Flutwellen enden, sondern höher bzw. auf dem Strand.
- Bei ablandigem Wind. Der Grund: Die Oberfläche des Wassers wird von der Küste weggetrieben, während der Grundstrom mit den Fossilien zur Küste strömt.

Fundprobe

Wann hat man denn nun ein Fossil gefunden und wann ein ähnlich aussehendes schwarzes Stück ohne Bedeutung?
Wenn die Gestalt nicht schon die Antwort gibt, dann die Bruchprobe. Richtige Versteinerungen kann man mit bloßen Händen nicht brechen.

Färbung

Schwarz oder manchmal tiefbraun sind Versteinerungen hier an der seeländischen Küste, weil sie in dunklen Mineralen eingelagert waren und deren Färbung wie eine Art Imprägnierung angenommen haben. Funde aus anderen Ländern oder Landstrichen können genauso weiß, grau, braun oder rot sein.

Sammeln – warum und wie

Die meisten Urlauber sammeln Fossilien, vor allem Zähne, zum Zeitvertreib, aus Spaß oder Leidenschaft, vielleicht Neugier oder tieferem Interesse.
Erstere sammeln und erfreuen sich an der Schönheit und Menge der „Beute"; die anderen gehen systematischer vor. Jede Epoche zwischen Paleozän und Pliozän(s. Zeittafel), in der die Haie ihre Vorherrschaft im Meer hatten, brachte neue Arten hervor.
Die Tiere entwickelten sich entsprechend der klimatischen und biologischen Verhältnisse und veränderten – unabhängig von der ohnehin bestehenden Artenvielfalt -, auch ihr Gebiß und damit das Aussehen der Zähne.

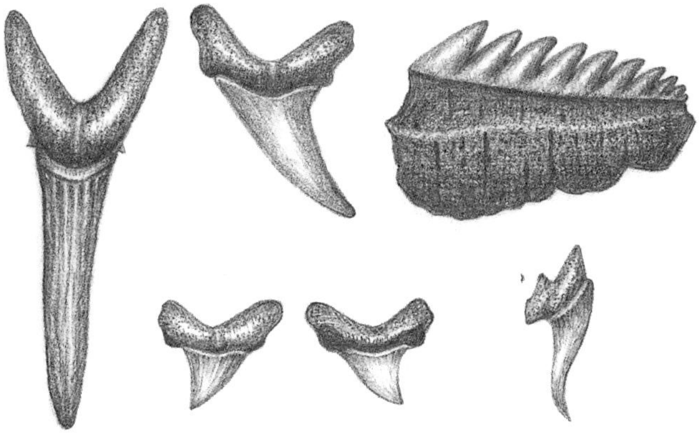

Entsprechend kann der Fachmann oder kundige Laie gefundene Zähne den Arten und damit ihrer Lebenszeit zuordnen. So z.B., ob ein Zahn einem „Isurus desori" oder einem „Carcharodon auriculatus" zugeordnet werden muß oder aus dem Miozän* oder Eozän* stammt.

Namen und Daten

Warum aber, fragt sich der geplagte Laie, müssen Fossilien und erdgeschichtliche Zeiträume so schwierige Namen haben?
Auf allen Kontinenten findet man Fossilien. Um Verwechslungen und Mißverständnisse auszuschließen, hat sich die Wissenschaft auf eine für alle verbindliche Sprache festgelegt: Latein, eine tote Sprache, die sich also nicht mehr verändert und so keine neuen Verwechslungen hervorrufen kann. - Erdgeschichtliche Namen sind oft auch altgriechischer Herkunft, wie Latein eine tote Sprache und daher gleichermaßen problemlos.
Aber nicht nur auf die Namen der erdgeschichtlichen Epochen hat sich die Wissenschaft weltweit geeinigt, sondern auch auf die Jahreszahlen ihres jeweiligen Beginns und Endes. Das ist gar nicht so lange her, und so finden sich – auch in neuerer Literatur -, noch unterschiedliche Zahlen, obwohl die Autoren dieselben Zeiträume meinen.
Aus den vielen Arten an Fossilien findet der Leser und Sammler die wichtigsten abgebildet; alle in Originalgröße. Ist von Zähnen mehr die Rede als von Muscheln und Schnecken, spiegelt das in etwa das Interesse der Sucher und die Häufigkeit der Vorkommen wieder.
Im Literaturverzeichnis im Anhang gibt es Hinweise auf weiterführende Literatur.

Bestaunen – bewundern - bewahren

Wer an die seeländische Küste kommt, darf sich am schönen Strand erholen, einen Zeeland-Krimi schmökern, von der Sonne bräunen lassen und muß kein schlechtes Gewissen haben, wenn er seinen Kopf in den Ferien ausnahmsweise zu allem gebraucht: nur nicht zum Denken.
Andererseits, wer Fossilien findet, wird sicher ihre Vielfalt und Schönheit bewundern und ihnen einen gebührenden Platz einräumen. Vor allem diejenigen, die ein wenig abergläubisch sind: denn Haifischzähne – sagen die Einhei-

mischen -, gelten schon seit Menschengedenken als Glücksbringer.

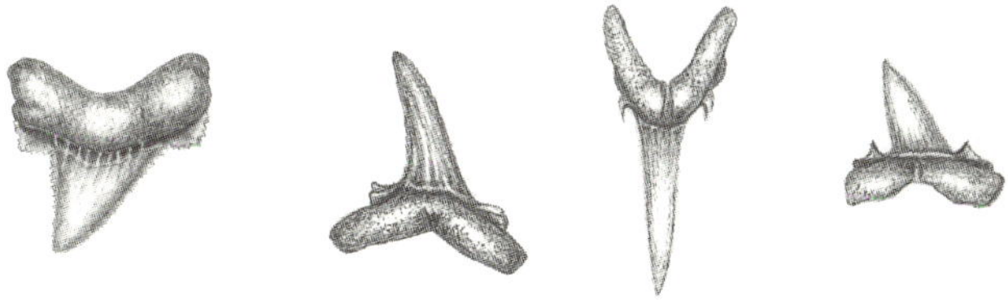

Wer sich mehr Zeit nimmt und seine Fantasie auf Wanderschaft rückwärts in die Geschichte und in nicht vorstellbare Zeiten schickt, kann die Natur in ihrer Unbegreiflichkeit und trotzdem gleichzeitig Ahnbarkeit nur bewundern.
Wie Sonnenblumen in ihrer kurzen Wachstumsperiode zwei Meter hoch werden; Menschen von heute ihre durchschnittliche Lebenserwartung gegenüber dem Mittelalter mehr als verdoppelt haben; das Meer seine ungeheuren Wassermassen in Ebbe und Flut ausrechenbar hebt oder senkt oder das Fossil in des Finders Hand auf Zeiträume hinweist, die Universum und Natur schwindelerregend gewaltig erscheinen läßt - und uns Menschen, wenn wir ehrlich sind, demütig klein.
Würden wir das nur einsehen!
Dann gingen wir mit dem, was uns ohne jeglichen Verdienst nur geliehen wurde, sorgsamer um.
Würden wir die Dünen nicht zertrampeln oder mit Hochhäusern verschandeln, Abfälle jeglicher Art tatsächlich ent*sorgen* und uns an dem Frieden ein Beispiel nehmen, den eine intakte Natur ausstrahlt.

*Begriffs-Erklärungen

Düne – Durch Wind angehäufte Sandhügel oder Sandwälle, die bis zu einigen 100 Metern hoch werden können; künstliche Dünen werden von Menschen als Schutz gegen Wasser oder Wind angelegt.

Erosion – Abtragende, zerstörerische Tätigkeit durch Eis, Wind oder Wasser.

Fossilien – Überreste von Tieren oder Pflanzen oder deren Le-bensspuren, die durch schnelle Einbettung in Sedimente* vor Verwesung, u.a. durch Versteinerung, bewahrt werden.

Gezeiten – Ebbe und Flut

Gletscher – Eisströme, die oberhalb der Schneegrenze in Firnmulden entstehen. Das Eis fließt mit 1 – 2cm/Stunde.

Kambrium – Zeitspanne von vor 570 – 510 Millionen Jahren

Känozoikum – Zeitspanne von vor 65 – 23 Millionen Jahren

Kontinentalplatten – Teile der Erdrinde, die auf dem zähflüs-sigen Erdinneren schwimmen und sich im Laufe der Erdge-schichte voneinander gelöst, übereinander geschoben haben oder aneinander reiben(Erdbeben).

Kreidezeit – Karbon – von vor 135 – 65 Millionen Jahren

Magmatische Gesteine – Durch Abkühlung erstarrtes Magma aus der Gesteinsschmelze im oberen Erdmantel oder in der Erdkruste.

Metamorphe Gesteine – Aus ihrem Erstzustand umgebildete Gesteine infolge von Druck- und/oder Temperaturveränderungen, wobei Minerale um- oder neugebildet werden.

Meteorit – Feste außerirdische Körper, die beim Eindringen in die Erdatmosphäre teilweise oder vollständig verdampfen und dabei Leuchterscheinungen verursachen.

Mesozoikum – von vor 265 – 65 Millionen Jahre; umfaßt die Gruppe Trias, 250-205, Jura, 205-135, Kreide, 135-65

Phosphorit – Bräunlich bis schwarzes Sedimentgestein*. Entsteht durch Verwitterung von Apatit oder durch Umwandlung von phosphathaltigen tierischen Substanzen (z.B. Gehörmuscheln von Walen).

Pigment – feines Farbstoffteilchen

Polder – Durch Eindeichen dem Meer abgerungenes oder vor wiederkehrenden Überflutungen geschütztes Land. Meist nur gering über oder auch unter dem Meeresspiegel gelegen; 2/3 der Niederländer leben auf Land unter dem Meeresspiegel. Felder werden durch Grabenentwässerung trocken gehalten. Böden wurden über die Jahrhunderte durch Niederschläge entsalzen. Erste Polder entstanden in Zeeland vor über 1000 Jahren.

Sediment – Nicht verfestigte Ablagerungen wie Sand, Kies, Schlick.

Sedimentgestein – Verfestigte Ablagerungen von...

See-Flandern – s. Zeeuwsch-Vlaanderen
Skelett – Innerer und/ oder äußerer Stützapparat bei Tier und Mensch.

Tertiär – Zeitspanne von vor 65 – 1,6 Millionen Jahren

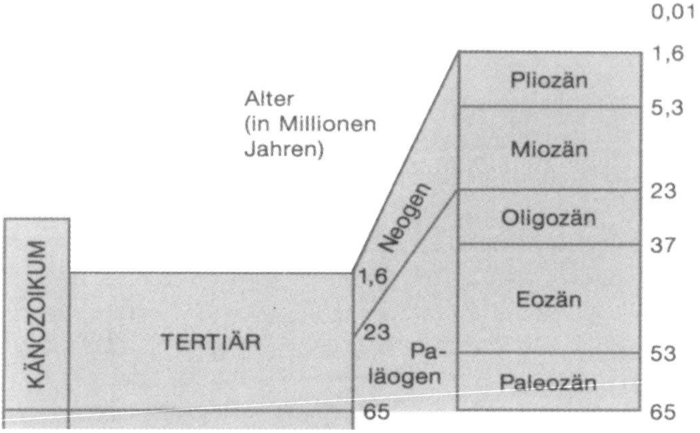

Zeeuwsch-Vlaanderen – Seeländisches Flandern. – Flandern entstand im 19.Jahrhundert. Seine Grenze war ursprünglich keine Landes-, sondern eine Sprachgrenze: die zwischen Flamen (Niederländisch) und Wallonen (Französisch). In drei Schritten (1970, 1980, 1988) wurde das 1831 gegründete Königreich Belgien in Flandern, Wallonie und Brüssel (zweisprachig) aufgeteilt.

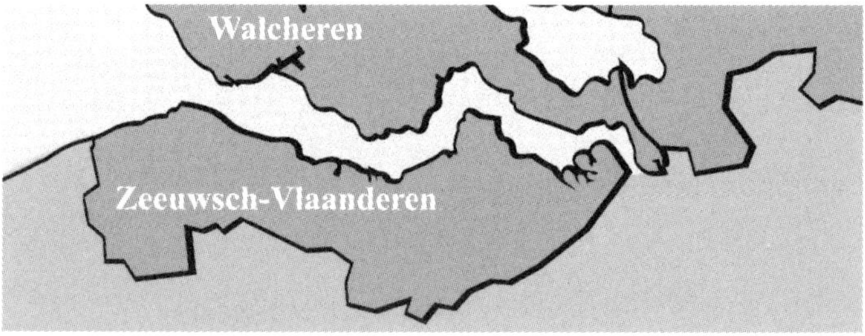

Westflandern (mit Gent) grenzt an Frankreich und die Nordsee, Ostflandern (mit Brügge) an Westflandern und die Provinz Antwerpen und haben keine Anbindung an die Nordsee. - Der im Norden angrenzende Landstrich an der Nordseeküste vom Zwin bis zur Westernschelde heißt

Zeeuwsch Vlaanderen – Seeländisches Flandern oder kurz Seeflandern – und gehört zum Königreich der Niederlande. Seeflandern ist Teil von Zeeland, das den Mündungsbereich von Rhein, Maas, Schelde einnimmt und zu dem noch Walcheren, Schouwen-Duiveland, Tholen und Zuid- und Noord-beveland gehören. – Cadzand ist die „Badestadt“ und Oostburg „Verwaltungssitz“ von Zeeuwsch-Vlaanderen. – Zeeuws-Vlaanderen ist die abgekürzte, sich einbürgernde Schreibweise; die offizielle und alte Schreibweise ist **Zeeuwsch-Vlaanderen.**

Weiterführende Literatur

Deutsch

Abriß der historischen Geologie
Karl-Armin Tröger
Akademie-Verlag – Berlin

Der Petrefaktensammler
Ein Leitfaden zum Bestimmen von Versteinerungen
Eberhard Fraas
Franckh'sche Verlagshandlung – Stuttgart

Die Rätsel des Universums
Gerhard Staguhn
Carl Hanser Verlag – München

Die Entwicklungsgeschichte der Erde
Brockhaus – Nachschlagewerk Geologie

Historische Geologie
Eine Einführung in die Geschichte der Erde und des Lebens
Steven M. Stanley
Spectrum Akademischer Verlag
Heidelberg Berlin Oxford

Leben – eine Biographie
Die ersten 4 Milliarden Jahre
Richard Fortey
C.H. Beck Verlag
Muscheln und Schnecken der Weltmeere
Gert Lindner
BLV Verlagsgesellschaft – München

Warnsignal Klima
Lozán, Graßl, Hupfer
GEO – Hamburg

Niederländisch
Handbook of Paleoichtyologie
H. Cappetta
Chondrichtyes II, Volume 3b
Gustav fischer verlag

Haaie- en Roggetanden uit het Tertiair van Belgie
Dirk Nolf
Koninklijk Belgisch Instituut voor Natuurwetenschappen
Brüssel

R. Marquet
De Pliocene Gastropodenfauna van Kallo

Schelpen van de Nederlandse kust
R.H. de Bruyne
Uitgeverij knnv

Strandfossielen van Cadzand en Nieuwvliet-Bad
Nederlandse Geologische Vereniging
Afdeling Amsterdam

Zeeboek
Uitgeverij knnv

Notizen:

Zeittafel

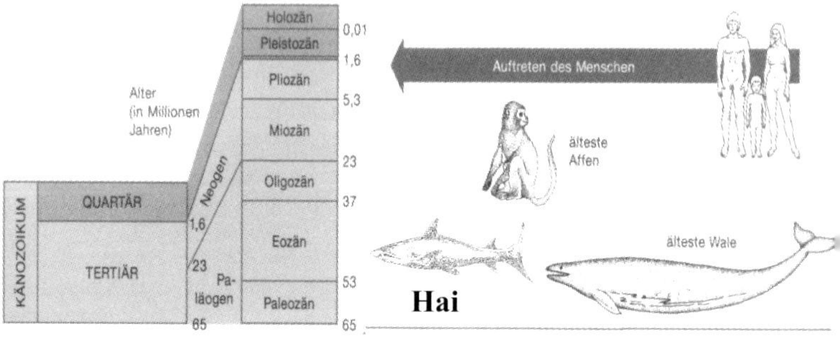
Holozän
Pleistozän
Pliozän
Miozän
Oligozän
Eozän
Paleozän
0,01
1,6
5,3
23
37
53
65
Alter
(in Millionen
Jahren)
Neogen
Pa-
läogen
KÄNOZOIKUM
QUARTÄR
TERTIÄR
1,6
23
65
Auftreten des Menschen
älteste
Affen
älteste Wale
Hai

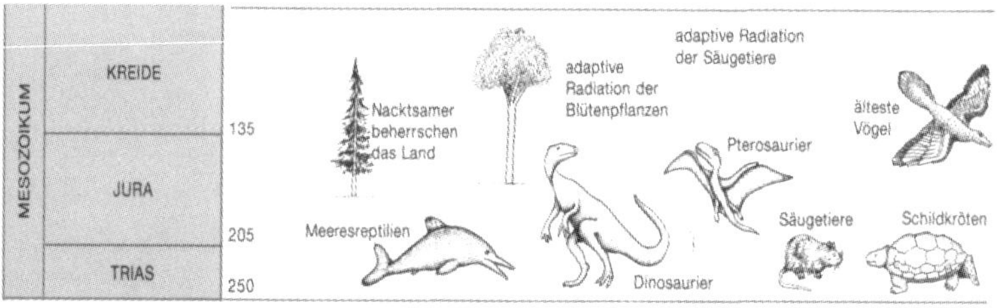
MESOZOIKUM
KREIDE
JURA
TRIAS
135
205
250
Nacktsamer
beherrschen
das Land
adaptive
Radiation der
Blütenpflanzen
adaptive Radiation
der Säugetiere
älteste
Vögel
Pterosaurier
Meeresreptilien
Dinosaurier
Säugetiere
Schildkröten

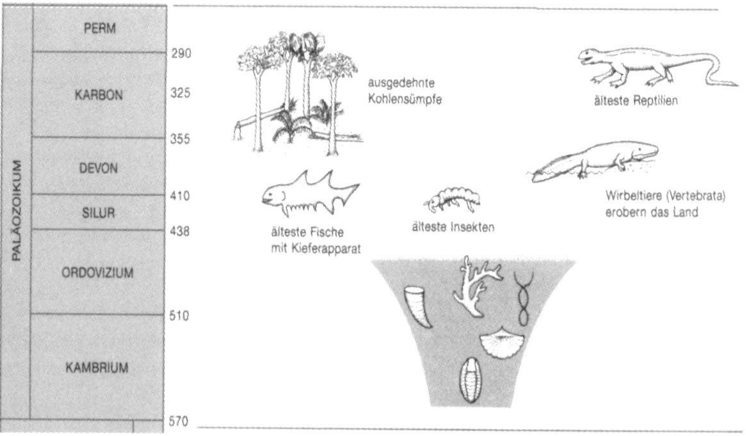
PALÄOZOIKUM
PERM
KARBON
DEVON
SILUR
ORDOVIZIUM
KAMBRIUM
290
325
355
410
438
510
570
ausgedehnte
Kohlensümpfe
älteste Reptilien
Wirbeltiere (Vertebrata)
erobern das Land
älteste Fische
mit Kieferapparat
älteste Insekten

Seite a
Isurus - Makohai

1	Isurus desori	
2	Isurus praecursor	
3	Isurus retroflexus	Vorder- und Rückseite
5	Isurus hastalis	Ober- und Unterkiefer

Seite b
Carcharocles – Riesenhai

1	Carcharocles angustidens
2	Carcharocles auriculaetis
3	Carcharocles megalodon

Seite c
Lamna – Lachshai

1	Lamna Vorder- und Rückseite
2	Lamna rupeliensis

Carcharias – Sandtigerhai

3 - 4	Carcharias cuspidata
5	Parotodus benedeni

Carcharodon – Weißer Hai

6	Carcharodon carcharias

Seite d

1-2	Odontaspis winkleri	Vorder- und Rückseite
3-4	Otodus obliguus	Vorder- und Rückseite
5-6	Carcharias acutissima	Vorder- u. Seitenansicht
7-8	Lamna lerichei	
9-10	Striatolamia macrota	
11-12	Carcharias hopei	

Seite e

Galeocerdo – Tigerhai

1 Galeocerdo aduncus

Squatina - Engelshai

2 Squatina prima

3-4 Xiphodolamia eocenica

5 Galeocerdo latidens

Alopias – Fuchshai

6 Alopias latidens Vorder- und Rückseite

7 Galeorhinus levefrei Vorder- und Rückseite

Hexanchus – Sechskiemenhai

8 Hexanchus gigas

Notorhynchus – Glatthai

9 Notorynchus primigenius

Seite f

1 Mebrius thielensi

2 Carcharhinus prisus

3 Schwanzstacheln von Rochen

Pristis – Sägehai

4 Pristis propingenius

5 Hautstachel eines Rochen

6 Myliobaetis sp – Pflasterzahn eines Rochen

7 Aetobaetus irregularis – Kauplatte eines Rochen

Seite g

1 Diodora apertura

2 Epitonium clathrus - Wendeltreppe

3 Megacardita planicosta lerichei Vorder- und Rückseite

Seite h

1 Pecten grandis ssp – Pilgermuschel

2 Flexopecten flexuosus

3 Palliolum tigrinum

4 Aequipecten opercularis

Seite i

1 Chlamys varia – Kammermuschel
2 Laevicardium crassum – Herzmuschel
3 Astarte omalii omalii
4 Astarte fusca basteroti
5 Venerupsis decusata – Teppichmuschel
6 Donax vittatus – Sägemuschel

Seite j

1 Venus verrucosa – Venusmuschel
2 Anomia ephippium
3 Crassostrea ventilabrum
4 Ostrea edulis – Auster

Seite k

1 Monetaria moneta
2 Dentalium spec
3 Glycymerus obovata varabilis
4 Mactra corallina plistoneerlandica – Narrenkappe

Seite l

1 Acanthocardia tuberculata
2 Pygocardia rustica ssp
3 pygocardia rustica defrancei

Seite m

1 Glossus humanus
2 Kronendetail
3 Capulus ungaricus - Napfschnecke
4 Detail
5 Natica crassa - Nabelschnecke
6 Details

Seite n

1 Apporhais scaldensis – Pelikanfuß
2 Nucella incrasata
3 Ceratostoma erinaceum
4 Spinucella tetragona
5 Neptunea contraria – Spindelschnecke

Seite o

1 Scaphella lamberti
2 Turitella tricarinata tricarinata – Turmschnecke
3 Hinia reticosa
4 Trivia spec
5 Stiarca lactea lactea
6 Corbicula fluminalis

Seite p

1 Urpferd - Vorderansicht und Schnitt
2 Urkuh - Vorderansicht und Schnitt

Alle Zeichnungen in Originalgröße

Sammlungen – Museen

Aparthotel Noordzee
Kanaalweg
Cadzand-Bad

Bezoekerscentrum ´t Zwin
G. van Hoekestraat 2
Retranchement

Bezoekerscentrum Zwin
Knokke-Heist

Muscheln & Korallen
Winkelgalerij Boulevard de Wielingen
Cadzand-Bad

Visserijmuseum Breskens
Kaai 1
Breskens

Von Claus de Wes
sind im Haifischzahn Verlag erschienen: D + NL

ZEELAND-KRIMI Bd I: Die Tote von Cadzand
Bd. II: Mord im Linienbus
Bd.III: Der Mörder vom Veerse Meer

Schwarzes Gold – Haifischzähne und andere Fossilien am Strand von Knokke bis Cadzand... ...Nieuwvliet bis Breskens D + NL

Lisa und Bram auf Schatzsuche – Kindermalbuch, D + NL